Λιτό και πρ
συνταγέ

βιώσιμη διατροφή

Από τα φυτικά γεύματα έως τα βιώσιμα θαλασσινά, ανακαλύψτε τη χαρά του να τρώτε καλά και να κάνετε καλό με το βιβλίο μαγειρικής μας

Θωμαή Κονδύλη

Αποποίηση ευθυνών

Οι πληροφορίες που περιέχονται σε αυτό το Βιβλίο προορίζονται να χρησιμεύσουν ως μια περιεκτική συλλογή στρατηγικών για τις οποίες ο συγγραφέας αυτού του Βιβλίου έχει κάνει έρευνα. Οι περιλήψεις, οι στρατηγικές, οι συμβουλές και τα κόλπα συνιστώνται μόνο από τον συγγραφέα και η ανάγνωση αυτού του Βιβλίου δεν εγγυάται ότι τα αποτελέσματα θα αντικατοπτρίζουν ακριβώς τα αποτελέσματα του συγγραφέα. Ο συγγραφέας του Βιβλίου έχει καταβάλει όλες τις εύλογες προσπάθειες για να παρέχει επίκαιρες και ακριβείς πληροφορίες στους αναγνώστες του Βιβλίου. Ο συγγραφέας και οι συνεργάτες του δεν θα θεωρηθούν υπεύθυνοι για τυχόν ακούσιο λάθος ή παραλείψεις που ενδέχεται να εντοπιστούν. Το υλικό του Βιβλίου μπορεί να περιλαμβάνει πληροφορίες από τρίτους. Το υλικό τρίτων περιλαμβάνει απόψεις που εκφράζονται από τους ιδιοκτήτες τους. Ως εκ τούτου, ο συγγραφέας του Βιβλίου δεν αναλαμβάνει καμία ευθύνη ή ευθύνη για οποιοδήποτε υλικό ή απόψεις τρίτων. Είτε λόγω της προόδου του Διαδικτύου είτε λόγω των απρόβλεπτων αλλαγών στην πολιτική της εταιρείας και τις κατευθυντήριες γραμμές υποβολής σύνταξης, ό,τι αναφέρεται ως γεγονός τη στιγμή της συγγραφής αυτής μπορεί να καταστεί παρωχημένο ή ανεφάρμοστο αργότερα.

ΕΙΣΑΓΩΓΗ

Κάντε θετικό αντίκτυπο στην υγεία σας και στον πλανήτη με το " Λιτό και πράσινο.".

- Το να τρως καλά δεν σημαίνει ότι θυσιάζεις τη γεύση ή τη βιωσιμότητα, και με το " Λιτό και πράσινο ", θα ανακαλύψεις πώς να απολαμβάνεις νόστιμα γεύματα που είναι τόσο υγιεινά όσο και φιλικά προς το περιβάλλον.

- Με 100 συνταγές που περιλαμβάνουν γεύματα με βάση τα φυτά και βιώσιμα θαλασσινά, θα βρείτε μια ποικιλία επιλογών που είναι καλές για εσάς και καλές για τον πλανήτη.

- Είτε είστε αφοσιωμένος vegan είτε απλά θέλετε να ενσωματώσετε περισσότερα υγιεινά και βιώσιμα γεύματα στη διατροφή σας, αυτό το βιβλίο μαγειρικής είναι για εσάς.

- Με απλές συνταγές και χρήσιμες συμβουλές για βιώσιμη διατροφή, θα εμπνευστείτε να κάνετε θετικές αλλαγές στη διατροφή σας και στον κόσμο γύρω σας.

Είτε μαγειρεύετε για τον εαυτό σας, την οικογένειά σας ή το περιβάλλον, το " Λιτό και πράσινο " είναι το τέλειο βιβλίο μαγειρικής για υγιεινή και βιώσιμη διατροφή. Ας αρχίσουμε λοιπόν να μαγειρεύουμε και να κάνουμε τη διαφορά !

ΠΡΩΙΝΟ ΓΕΥΜΑ

1. Φριτάτα με ντομάτα βασιλικού

Κάνει: 2

ΣΥΣΤΑΤΙΚΑ:

- 5 αυγά
- 1 κουταλιά της σούπας ελαιόλαδο
- Κονσέρβες 7 ουγκιών αγκινάρες
- 1 σκελίδα σκόρδο, ψιλοκομμένη
- ½ φλιτζάνι ντοματίνια
- 2 κουταλιές της σούπας φρέσκο βασιλικό, ψιλοκομμένο
- ¼ φλιτζάνι τυρί φέτα, θρυμματισμένη
- ¼ κουταλάκι του γλυκού πιπέρι
- ¼ κουταλάκι του γλυκού αλάτι

ΟΔΗΓΙΕΣ:

a) Βράζουμε το λάδι σε ένα τηγάνι σε μέτρια φωτιά.
b) Ρίχνουμε το σκόρδο και σοτάρουμε για 4 λεπτά.

c) Προσθέστε τις αγκινάρες, τον βασιλικό και τις ντομάτες και μαγειρέψτε για 4 λεπτά.

d) Χτυπάμε τα αυγά σε ένα μπολ και αλατοπιπερώνουμε.

e) Ρίχνουμε το μείγμα των αυγών στο τηγάνι και μαγειρεύουμε για 5-7 λεπτά.

2. Ψωμί καρύδας

Κάνει: 12

ΣΥΣΤΑΤΙΚΑ:

- 6 αυγά
- 1 κουταλιά της σούπας μπέικιν πάουντερ
- 2 κουταλιές της σούπας ανάποδα
- ½ φλιτζάνι αλεσμένος λιναρόσπορος
- ½ φλιτζάνι αλεύρι καρύδας
- ½ κουταλάκι του γλυκού κανέλα
- 1 κουταλάκι του γλυκού κόμμι ξανθάνης
- ⅓ φλιτζάνι γάλα καρύδας χωρίς ζάχαρη
- ½ φλιτζάνι ελαιόλαδο
- ½ κουταλάκι του γλυκού αλάτι

ΟΔΗΓΙΕΣ:

a) Προθερμάνετε το φούρνο στους 375 F.

b) Προσθέστε τα αυγά, το γάλα και το λάδι στο μίξερ και ανακατέψτε μέχρι να ομογενοποιηθούν.

c) Προσθέστε τα υπόλοιπα υλικά και ανακατέψτε μέχρι να ανακατευτούν καλά.
d) Ρίχνουμε τη ζύμη σε λαδωμένο ταψί.
e) Ψήνουμε στο φούρνο για 40 λεπτά.
f) Κόβουμε και σερβίρουμε.

3. Τηγανίτες με σπανάκι Chia

Κάνει: 6

ΣΥΣΤΑΤΙΚΑ:

- 4 αυγά
- ½ φλιτζάνι αλεύρι καρύδας
- 1 φλιτζάνι γάλα καρύδας
- ¼ φλιτζάνι σπόροι chia
- 1 φλιτζάνι σπανάκι, ψιλοκομμένο
- 1 κουταλάκι του γλυκού μαγειρική σόδα
- ½ κουταλάκι του γλυκού πιπέρι
- ½ κουταλάκι του γλυκού αλάτι

ΟΔΗΓΙΕΣ:

a) Χτυπάμε τα αυγά σε ένα μπολ μέχρι να αφρατέψουν.

b) Ανακατεύουμε όλα τα στεγνά υλικά και προσθέτουμε το μείγμα των αυγών και χτυπάμε μέχρι να ομογενοποιηθούν. Προσθέτουμε το σπανάκι και ανακατεύουμε καλά.

c) Λαδώνουμε το τηγάνι με βούτυρο και ζεσταίνουμε σε μέτρια φωτιά.

d) Ρίχνουμε 3-4 κουταλιές της σούπας ζύμη στο ταψί και φτιάχνουμε τη τηγανίτα.

e) Μαγειρέψτε τη τηγανίτα μέχρι να ροδίσει ελαφρά και από τις δύο πλευρές.

4. Ομελέτα με ελαιόλαδο

Κάνει: 4

ΣΥΣΤΑΤΙΚΑ:

- 4 μεγάλα αυγά
- 2 ουγκιές τυρί
- 12 ελιές χωρίς κουκούτσι
- 2 κουταλιές της σούπας βούτυρο
- 2 κουταλιές της σούπας ελαιόλαδο
- 1 κουταλάκι του γλυκού βότανο της Προβηγκίας
- ½ κουταλάκι του γλυκού αλάτι

ΟΔΗΓΙΕΣ:

a) Προσθέστε όλα τα υλικά εκτός από το βούτυρο σε ένα μπολ και χτυπήστε καλά μέχρι να αφρατέψουν.

b) Λιώνουμε το βούτυρο σε ένα τηγάνι σε μέτρια φωτιά.

c) Ρίξτε το μείγμα των αυγών σε ένα ζεστό τηγάνι και απλώστε ομοιόμορφα.

d) Σκεπάζουμε και μαγειρεύουμε για 3 λεπτά.

e) Γυρίστε την ομελέτα από την άλλη πλευρά και μαγειρέψτε για 2 λεπτά ακόμα.

5. Feta Kale Frittata

Κάνει: 8

ΣΥΣΤΑΤΙΚΑ:

- 8 αυγά χτυπημένα
- 4 ουγκιές τυρί φέτα, θρυμματισμένη
- 6 ουγκιές πιπεριές, ψημένες και κομμένες σε κύβους
- 5 oz baby kale
- ¼ φλιτζάνι πράσινο κρεμμύδι, κομμένο σε φέτες
- 2 κουταλάκια του γλυκού ελαιόλαδο

ΟΔΗΓΙΕΣ:

a) Βράζουμε το ελαιόλαδο σε ένα τηγάνι σε μέτρια προς δυνατή φωτιά.

b) Ρίχνουμε το λάχανο στο τηγάνι και σοτάρουμε για 4-5 λεπτά ή μέχρι να μαλακώσουν.

c) Ψεκάστε την αργή κουζίνα με μαγειρικό σπρέι.

d) Προσθέστε το μαγειρεμένο λάχανο στο slow cooker.

e) Προσθέστε το πράσινο κρεμμύδι και την πιπεριά στο slow cooker.
f) Ρίχνουμε τα χτυπημένα αυγά στο slow cooker και ανακατεύουμε καλά να ενωθούν.
g) Πασπαλίζουμε θρυμματισμένη φέτα.
h) Μαγειρέψτε σε χαμηλή φωτιά για 2 ώρες.

6. Μάφιν φρέσκων μούρων

Κάνει: 9

ΣΥΣΤΑΤΙΚΑ:

- 2 αυγα
- ½ κουταλάκι του γλυκού βανίλια
- ½ φλιτζάνι φρέσκα βατόμουρα
- 1 κουταλάκι του γλυκού μπέικιν πάουντερ
- 6 σταγόνες στέβια
- 1 φλιτζάνι παχύρρευστη κρέμα
- 2 φλιτζάνια αλεύρι αμυγδάλου
- ¼ φλιτζάνι βούτυρο, λιωμένο

ΟΔΗΓΙΕΣ:

a) Ρυθμίστε το φούρνο στους 350 F.

b) Ρίξτε τα αυγά στον κάδο του μίξερ και χτυπήστε μέχρι να ανακατευτούν καλά.

c) Ανακατεύουμε με τα υπόλοιπα υλικά στα αυγά.

d) Γεμίζουμε τη ζύμη σε λαδωμένο ταψί για μάφινς και ψήνουμε στο φούρνο για 25 λεπτά. Σερβίρισμα.

7. Τυρί κολοκυθάκια μελιτζάνα

Κάνει: 8

ΣΥΣΤΑΤΙΚΑ:

- 1 μελιτζάνα, κομμένη σε κύβους 1 ίντσας
- 1 ½ φλιτζάνι σάλτσα σπαγγέτι
- 1 μέτριο κολοκυθάκι, κομμένο σε κομμάτια 1 ίντσας
- ½ φλιτζάνι τυρί παρμεζάνα, τριμμένη

ΟΔΗΓΙΕΣ:

a) Ενσωματώνουμε όλα τα υλικά στην κατσαρόλα και ανακατεύουμε καλά.

b) Σκεπάζουμε και μαγειρεύουμε σε δυνατή φωτιά για 2 ώρες.

c) Ανακατεύουμε καλά και σερβίρουμε.

8. Ψήγματα μπρόκολου

Κάνει: 4

ΣΥΣΤΑΤΙΚΑ:

- 2 ασπράδια αυγών
- 2 φλιτζάνια μπουκίτσες μπρόκολου
- ¼ φλιτζάνι αλεύρι αμυγδάλου
- 1 φλιτζάνι τυρί τσένταρ, τριμμένο
- ⅛ κουταλάκια του γλυκού αλάτι

ΟΔΗΓΙΕΣ:

a) Προθερμάνετε το φούρνο στους 350 F.

b) Προσθέστε το μπρόκολο σε ένα μπολ και πολτοποιήστε με έναν πουρέ.

c) Ανακατεύουμε με τα υπόλοιπα υλικά στο μπρόκολο.

d) Τοποθετήστε 20 μεζούρες σε ένα ταψί και πιέστε ελαφρά προς τα κάτω.

e) Ψήνουμε σε προθερμασμένο φούρνο για 20 λεπτά.

9. Φριτάτα κουνουπιδιού

Κάνει: 1

ΣΥΣΤΑΤΙΚΑ:

- 1 αυγό
- ¼ φλιτζάνι ρύζι κουνουπίδι
- 1 κουταλιά της σούπας ελαιόλαδο
- ¼ κουταλάκι του γλυκού κουρκουμά
- Πιπέρι
- Αλας

ΟΔΗΓΙΕΣ:

a) Ενσωματώνουμε όλα τα υλικά εκτός από το λάδι στο μπολ και ανακατεύουμε καλά να ενωθούν.

b) Βράζουμε το λάδι σε ένα τηγάνι σε μέτρια φωτιά.

c) Αδειάζετε το μείγμα στο καυτό λάδι και μαγειρεύετε για 3-4 λεπτά ή μέχρι να ροδίσει ελαφρά.

10. Muffins από λαχανό καρύδας

Κάνει: 8

ΣΥΣΤΑΤΙΚΑ:

- 6 αυγά
- Μισό φλιτζάνι γάλα καρύδας, χωρίς ζάχαρη
- 1 φλιτζάνι λάχανο, ψιλοκομμένο
- ¼ κουταλάκι του γλυκού σκόνη σκόρδου
- ¼ κουταλάκι του γλυκού πάπρικα
- ¼ φλιτζάνι πράσινο κρεμμύδι, ψιλοκομμένο

ΟΔΗΓΙΕΣ:

a) Προθερμάνετε το φούρνο στους 350 F.

b) Προσθέστε όλα τα υλικά στο μπολ και χτυπήστε καλά.

c) Αδειάζουμε το μείγμα στο ταψί για μάφινς που έχουμε λαδώσει και ψήνουμε στο φούρνο για 30 λεπτά.

11. Muffins πρωτεΐνης

Κάνει: 12

ΣΥΣΤΑΤΙΚΑ:

- 8 αυγά
- 2 κουταλιές σκόνη πρωτεΐνης βανίλιας
- 8 ουγκιές τυρί κρέμα
- 4 κουταλιές της σούπας βούτυρο, λιωμένο

ΟΔΗΓΙΕΣ:

a) Σε ένα μεγάλο μπολ, χτυπήστε το τυρί κρέμα και το λιωμένο βούτυρο.

b) Προσθέστε τα αυγά και τη σκόνη πρωτεΐνης και χτυπήστε μέχρι να ενωθούν καλά.

c) Ρίχνουμε τη ζύμη στο λαδωμένο ταψί για μάφιν.

d) Ψήστε στους 350 F για 25 λεπτά.

12. Υγιείς βάφλες

Κάνει: 4

ΣΥΣΤΑΤΙΚΑ:

- 8 σταγόνες υγρή στέβια
- ½ κουταλάκι του γλυκού μαγειρική σόδα
- 1 κουταλιά της σούπας σπόρους chia
- ¼ φλιτζάνι νερό
- 2 κουταλιές της σούπας βούτυρο ηλιόσπορου
- 1 κουταλάκι του γλυκού κανέλα
- 1 αβοκάντο, φλούδα, χωρίς κουκούτσι και πολτοποιημένο
- 1 κουταλάκι του γλυκού βανίλια
- 1 κουταλιά της σούπας χυμό λεμονιού
- 3 κουταλιές της σούπας αλεύρι καρύδας

ΟΔΗΓΙΕΣ:

a) Προθερμάνετε το σίδερο για βάφλες.

b) Σε ένα μικρό μπολ, προσθέστε νερό και σπόρους chia και μουλιάστε για 5 λεπτά.

c) Πολτοποιήστε το βούτυρο ηλιόσπορου, το χυμό λεμονιού, τη βανίλια, τη στέβια, το μείγμα chia και το αβοκάντο.

d) Ανακατεύουμε μαζί την κανέλα, τη μαγειρική σόδα και το αλεύρι καρύδας.

e) Προσθέστε υγρά υλικά στα ξηρά υλικά και ανακατέψτε καλά.

f) Ρίξτε το μείγμα της βάφλας στο ζεστό σίδερο για βάφλες και μαγειρέψτε από κάθε πλευρά για 3-5 λεπτά.

13. Τηγανίτες αμυγδάλου τυριού

Κάνει: 4

ΣΥΣΤΑΤΙΚΑ:

- 4 αυγά
- ¼ κουταλάκι του γλυκού κανέλα
- ½ φλιτζάνι τυρί κρέμα
- ½ φλιτζάνι αλεύρι αμυγδάλου
- 1 κουταλιά της σούπας βούτυρο, λιωμένο

ΟΔΗΓΙΕΣ:

a) Ενσωματώνουμε όλα τα υλικά στο μπλέντερ και ανακατεύουμε μέχρι να ομογενοποιηθούν.

b) Ζεσταίνουμε το βούτυρο σε ένα τηγάνι σε μέτρια φωτιά.

c) Ρίξτε 3 κουταλιές της σούπας κουρκούτι ανά τηγανίτα και μαγειρέψτε για 2 λεπτά από κάθε πλευρά.

14. Κις λαχανικών

Κάνει: 6

ΣΥΣΤΑΤΙΚΑ:

- 8 αυγά
- 1 φλιτζάνι τυρί παρμεζάνα, τριμμένη
- 1 φλιτζάνι γάλα καρύδας χωρίς ζάχαρη
- 1 φλιτζάνι ντομάτες, ψιλοκομμένες
- 1 φλιτζάνι κολοκυθάκια, ψιλοκομμένα
- 1 κουταλιά της σούπας βούτυρο
- ½ κουταλάκι του γλυκού πιπέρι
- 1 κουταλάκι του γλυκού αλάτι

ΟΔΗΓΙΕΣ:

a) Προθερμάνετε το φούρνο στους 400 F.

b) Ζεσταίνουμε το βούτυρο σε ένα τηγάνι σε μέτρια φωτιά και μετά προσθέτουμε το κρεμμύδι και σοτάρουμε μέχρι να μαλακώσει το κρεμμύδι.

c) Προσθέτουμε στο τηγάνι τις ντομάτες και τα κολοκυθάκια και τα σοτάρουμε για 4 λεπτά.
d) Σε ένα μπολ χτυπάμε τα αυγά με το τυρί, το γάλα, το πιπέρι και το αλάτι.
e) Περιχύνουμε με το μείγμα των αυγών τα λαχανικά και τα ψήνουμε στο φούρνο για 30 λεπτά.
f) Κόβουμε σε φέτες και σερβίρουμε.

15. Muffins κολοκύθας

Κάνει: 10

ΣΥΣΤΑΤΙΚΑ:

- 4 αυγά
- ½ φλιτζάνι πουρέ κολοκύθας
- 1 κουταλάκι του γλυκού μπαχαρικό για κολοκυθόπιτα
- ½ φλιτζάνι αλεύρι αμυγδάλου
- 1 κουταλιά της σούπας μπέικιν πάουντερ
- 1 κουταλάκι του γλυκού βανίλια
- ⅓ φλιτζάνι λάδι καρύδας, λιωμένο
- ⅔ φλιτζάνι σέρβις
- ½ φλιτζάνι αλεύρι καρύδας
- ½ κουταλάκι του γλυκού θαλασσινό αλάτι

ΟΔΗΓΙΕΣ:

a) Προθερμάνετε το φούρνο στους 350 F.

b) Χτυπάμε το αλεύρι καρύδας, το μπαχαρικό για την κολοκυθόπιτα, το μπέικιν πάουντερ, το αλεύρι, το αλεύρι αμυγδάλου και το θαλασσινό αλάτι.

c) Προσθέστε τα αυγά, τη βανίλια, το λάδι καρύδας και τον πουρέ κολοκύθας μέχρι να ενωθούν καλά.
d) Ρίχνουμε τη ζύμη στο λαδωμένο ταψί για μάφινς και ψήνουμε στο φούρνο για 25 λεπτά.

ΠΛΕΥΡΕΣ

16. Χυλοπίτες με κολοκυθάκια πέστο

Κάνει: 4

ΣΥΣΤΑΤΙΚΑ:

- 4 κολοκυθάκια, σπιράλ
- 1 κουταλιά της σούπας λάδι αβοκάντο
- 2 σκελίδες σκόρδο, ψιλοκομμένες
- ⅔ φλιτζάνι ελαιόλαδο
- ⅓ φλιτζάνι τυρί παρμεζάνα, τριμμένη
- 2 φλιτζάνια φρέσκο βασιλικό
- ⅓ φλιτζάνι αμύγδαλα
- ⅛ κουταλάκι του γλυκού μαύρο πιπέρι
- ¾ κουταλάκι του γλυκού θαλασσινό αλάτι

ΟΔΗΓΙΕΣ:

a) Προσθέστε τα νουντλς κολοκυθιού σε ένα σουρωτήρι και πασπαλίστε με ¼ κουταλάκι του γλυκού αλάτι.

b) Σκεπάζουμε και αφήνουμε να καθίσει για 30 λεπτά.

c) Στραγγίζουμε καλά τα νουντλς κολοκυθιού και τα στεγνώνουμε.
d) Προθερμάνετε το φούρνο στους 400°F.
e) Τοποθετούμε τα αμύγδαλα σε ένα ταψί στρωμένο με λαδόκολλα και ψήνουμε για 6-8 λεπτά.
f) Μεταφέρετε τα καβουρδισμένα αμύγδαλα στον επεξεργαστή τροφίμων και τα επεξεργαστείτε μέχρι να γίνουν χοντροκομμένα.
g) Προσθέστε το ελαιόλαδο, το τυρί, το βασιλικό, το σκόρδο, το πιπέρι και το υπόλοιπο αλάτι σε έναν επεξεργαστή τροφίμων με αμύγδαλα και ανακατέψτε μέχρι να γίνει η υφή του πέστο.
h) Μαγειρέψτε το λάδι αβοκάντο σε ένα μεγάλο τηγάνι σε μέτρια προς δυνατή φωτιά.
i) Προσθέστε τα νουντλς κολοκυθιού και μαγειρέψτε για 4-5 λεπτά.
j) Ρίχνουμε το πέστο πάνω από τα νουντλς κολοκυθιού, ανακατεύουμε καλά και μαγειρεύουμε για 1 λεπτό.
k) Σερβίρετε αμέσως με ψημένο σολομό.

17. Βότανο Άγριο Ρύζι

Κάνει: 8

ΣΥΣΤΑΤΙΚΑ:

- 3 φλιτζάνια άγριο ρύζι, ξεπλυμένο και στραγγισμένο
- 6 φλιτζάνια ψητό ζωμό λαχανικών
- ½ κουταλάκι του γλυκού αλάτι
- ½ κουταλάκι του γλυκού αποξηραμένα φύλλα θυμαριού
- ½ κουταλάκι του γλυκού αποξηραμένα φύλλα βασιλικού
- 1 φύλλο δάφνης
- ⅓ φλιτζάνι φρέσκο πλατύφυλλο μαϊντανό

ΟΔΗΓΙΕΣ:

a) Σε μια αργή κουζίνα 6 λίτρων, ανακατέψτε το άγριο ρύζι, το ζωμό λαχανικών, το αλάτι, το θυμάρι, τον βασιλικό και τη δάφνη.
b) Κλείνουμε και μαγειρεύουμε σε χαμηλή φωτιά για 4 με 6 ώρες.
c) Μπορείτε να μαγειρέψετε αυτό το πιάτο περισσότερο μέχρι να σκάσει το άγριο ρύζι, που χρειάζονται περίπου 7 έως 8 ώρες.
d) Αφαιρέστε και πετάξτε το φύλλο δάφνης.

e) Ρίχνουμε μέσα τον μαϊντανό και σερβίρουμε.

18. Ριζότο κριθαριού

Κάνει: 8

ΣΥΣΤΑΤΙΚΑ:

- 2 ¼ φλιτζάνια κριθαράκι αποφλοιωμένο, ξεπλυμένο
- 4 σκελίδες σκόρδο, ψιλοκομμένες
- 1 (8 ουγκιές) συσκευασία μανιτάρια κουμπιού, ψιλοκομμένα
- 6 φλιτζάνια ζωμό λαχανικών με χαμηλή περιεκτικότητα σε νάτριο
- ½ κουταλάκι του γλυκού αποξηραμένα φύλλα μαντζουράνας
- ⅛ κουταλάκι του γλυκού μαύρο πιπέρι
- ⅔ φλιτζάνι τριμμένη παρμεζάνα

ΟΔΗΓΙΕΣ:

a) Σε μια αργή κουζίνα 6 λίτρων, ανακατεύουμε το κριθαράκι, το σκόρδο, τα μανιτάρια, το ζωμό, τη μαντζουράνα και το πιπέρι.

b) Καλύψτε και μαγειρέψτε σε χαμηλή φωτιά για 7 έως 8 ώρες ή μέχρι το κριθαράκι να απορροφήσει το μεγαλύτερο μέρος των υγρών και να είναι τρυφερό και τα λαχανικά να είναι τρυφερά.

c) Ρίχνουμε την παρμεζάνα και σερβίρουμε.

19. Ριζότο με φασολάκια και γλυκοπατάτες

Κάνει: 8

ΣΥΣΤΑΤΙΚΑ:

- 1 μεγάλη γλυκοπατάτα
- 5 σκελίδες σκόρδο, ψιλοκομμένες
- 2 φλιτζάνια κοντόκοκκο καστανό ρύζι
- 1 κουταλάκι του γλυκού αποξηραμένα φύλλα θυμαριού
- 7 φλιτζάνια ζωμό λαχανικών χαμηλής περιεκτικότητας σε νάτριο
- 2 φλιτζάνια φασολάκια, κομμένα στη μέση σταυρωτά
- 3 κουταλιές της σούπας ανάλατο βούτυρο
- ½ φλιτζάνι τυρί παρμεζάνα

ΟΔΗΓΙΕΣ:

a) Σε μια αργή κουζίνα 6 λίτρων, ανακατέψτε τη γλυκοπατάτα, το σκόρδο, το ρύζι, το θυμάρι και το ζωμό.

b) Σκεπάζουμε και μαγειρεύουμε σε χαμηλή φωτιά για 3 με 4 ώρες.

c) Ανακατεύουμε μέσα τα πράσινα φασόλια.

d) Σκεπάζουμε και μαγειρεύουμε σε χαμηλή φωτιά για 37 λεπτά.

e) Ανακατεύουμε το βούτυρο και το τυρί. Σκεπάζουμε και μαγειρεύουμε σε χαμηλή θερμοκρασία για 20 λεπτά, ανακατεύουμε και σερβίρουμε.

20. Κύβοι Tempeh με λεμόνι σφενδάμου

Κάνει: 4

ΣΥΣΤΑΤΙΚΑ:

- Tempeh; 1 πακέτο
- Λάδι καρύδας; 2 με 3 κουταλάκια του γλυκού
- Χυμός λεμονιού? 3 κουταλιές της σούπας
- Σιρόπι από σφένδαμο; 2 κουταλάκια του γλυκού
- 1 έως 2 κουταλάκια του γλυκού Υγρά αμινοξέα ή ταμάρι χαμηλής περιεκτικότητας σε νάτριο
- Νερό; 2 κουταλάκια του γλυκού
- Αποξηραμένος βασιλικός; ¼ κουταλάκι του γλυκού
- Σκόρδο σε σκόνη? ¼ κουταλάκι του γλυκού
- Μαύρο πιπέρι (φρεσκοαλεσμένο); να δοκιμάσω

ΟΔΗΓΙΕΣ:

a) Προθερμάνετε το φούρνο σας στους 400°C.

b) Κόψτε το μπλοκ tempeh σας σε τετράγωνα σε μορφή μπουκιάς.

c) Μαγειρέψτε το λάδι καρύδας σε μέτρια προς δυνατή φωτιά σε ένα αντικολλητικό τηγάνι.

d) Όταν λιώσει και ζεσταθεί, προσθέστε το τέμπε και μαγειρέψτε από τη μία πλευρά για 2-4 λεπτά ή μέχρι να πάρει ένα χρυσοκαφέ χρώμα.

e) Αναποδογυρίζουμε τα κομμάτια τέμπε και τα μαγειρεύουμε για 2-4 λεπτά.

f) Ανακατεύουμε το χυμό λεμονιού, το ταμάρι, το σιρόπι σφενδάμου, τον βασιλικό, το νερό, το σκόρδο και το μαύρο πιπέρι όσο ροδίζει το tempeh.

g) Ρίξτε το μείγμα πάνω από το tempeh και, στη συνέχεια, ανακινήστε το να καλύψει το tempeh.

h) Σοτάρουμε για 2-3 λεπτά, μετά γυρίζουμε το τέμπε και σοτάρουμε 1-2 λεπτά ακόμα.

i) Το tempeh, και στις δύο πλευρές, πρέπει να είναι μαλακό και πορτοκαλί.

21. Κινόα με λαχανικά

Κάνει: 8

ΣΥΣΤΑΤΙΚΑ:

- 2 φλιτζάνια κινόα, ξεπλυμένες και στραγγισμένες
- 2 καρότα, καθαρισμένα και κομμένα σε φέτες
- 1 φλιτζάνι μανιτάρια κρεμίνι σε φέτες
- 3 σκελίδες σκόρδο, ψιλοκομμένες
- 4 φλιτζάνια ζωμό λαχανικών με χαμηλή περιεκτικότητα σε νάτριο
- ½ κουταλάκι του γλυκού αλάτι
- 1 κουταλάκι του γλυκού αποξηραμένα φύλλα μαντζουράνας
- ⅛ κουταλάκι του γλυκού μαύρο πιπέρι

ΟΔΗΓΙΕΣ:

a) Σε μια αργή κουζίνα 6 λίτρων, ανακατεύουμε όλα τα υλικά.
b) Μαγειρέψτε σε χαμηλή φωτιά για 5 με 6 ώρες, σκεπασμένο.
c) Ανακατεύουμε το μείγμα και σερβίρουμε.

22. Μοσχαρίσιο κρέας με μπρόκολο ή ρύζι κουνουπίδι

Κάνει: 2

ΣΥΣΤΑΤΙΚΑ:

- 1 κιλό ωμή μοσχαρίσια στρογγυλή μπριζόλα, κομμένη σε λωρίδες
- 1 κουταλιά της σούπας + 2 κουταλάκια του γλυκού σάλτσα σόγιας με χαμηλή περιεκτικότητα σε νάτριο
- 1 πακέτο Splenda
- ½ φλιτζάνι νερό
- 1 ½ φλιτζάνι μπουκίτσες μπρόκολου
- 1 κουταλάκι του γλυκού σουσάμι ή ελαιόλαδο
- 2 Φλιτζάνια μαγειρεμένο, τριμμένο κουνουπίδι ή παγωμένο κουνουπίδι

ΟΔΗΓΙΕΣ:

a) Ανακατέψτε τη μπριζόλα με σάλτσα σόγιας και αφήστε το να καθίσει για περίπου 15 λεπτά.

b) Ζεσταίνουμε το λάδι σε μέτρια προς δυνατή φωτιά και τηγανίζουμε το βόειο κρέας για 3-5 λεπτά ή μέχρι να ροδίσει.

c) Αφαιρέστε από το τηγάνι.

d) Τοποθετήστε το μπρόκολο, το Splenda και το νερό.

e) Καλύψτε και μαγειρέψτε για 5 λεπτά ή μέχρι το μπρόκολο να αρχίσει να μαλακώνει, ανακατεύοντας μερικές φορές.

f) Προσθέστε ξανά το βόειο κρέας και ζεσταίνετε καλά.

g) Σερβίρετε το πιάτο με ρύζι κουνουπίδι.

23. Νουντλς με κολοκυθάκια κοτόπουλου

Κάνει: 2

ΣΥΣΤΑΤΙΚΑ:

- 1 μεγάλο κολοκυθάκι, σπιράλ
- 1 στήθος κοτόπουλου, χωρίς πέτσα και κόκαλα
- ½ κουταλιές της σούπας jalapeno, ψιλοκομμένο
- 2 σκελίδες σκόρδο, ψιλοκομμένες
- ½ κουταλάκι του γλυκού τζίντζερ, ψιλοκομμένο
- ½ κουταλιά της σούπας σάλτσα ψαριού
- 2 κουταλιές της σούπας κρέμα καρύδας
- ½ κουταλιές της σούπας μέλι
- ½ χυμός λάιμ
- 1 κουταλιά της σούπας φυστικοβούτυρο
- 1 καρότο, ψιλοκομμένο
- 2 κουταλιές της σούπας κάσιους, ψιλοκομμένα
- ¼ φλιτζάνι κόλιανδρο
- 1 κουταλιά της σούπας ελαιόλαδο

ΟΔΗΓΙΕΣ:

a) Βράζουμε το ελαιόλαδο σε ένα τηγάνι σε μέτρια προς δυνατή φωτιά.

b) Καρυκεύουμε το στήθος κοτόπουλου με πιπέρι και αλάτι.

c) Μόλις ζεσταθεί το λάδι, προσθέστε το στήθος κοτόπουλου στο τηγάνι και μαγειρέψτε για 3-4 λεπτά ανά πλευρά ή μέχρι να ψηθεί.

d) Αφαιρέστε το στήθος κοτόπουλου από το τηγάνι.

e) Κόβουμε το στήθος κοτόπουλου με ένα πιρούνι και το αφήνουμε στην άκρη.

f) Σε ένα μικρό μπολ, ανακατέψτε το φυστικοβούτυρο, το jalapeno, το σκόρδο, το τζίντζερ, τη σάλτσα ψαριού, την κρέμα καρύδας, το μέλι και το χυμό λάιμ.

g) Αφήνω στην άκρη.

h) Σε ένα μεγάλο μπολ ανάμειξης, συνδυάστε τα σπειροειδή κολοκυθάκια, τα καρότα, τα κάσιους, τον κόλιαντρο και το τριμμένο κοτόπουλο.

i) Ρίξτε το μείγμα με το φυστικοβούτυρο πάνω από τα νουντλς κολοκυθιού και ανακατέψτε να ενωθούν.

j) Σερβίρουμε αμέσως και απολαμβάνουμε.

24. Ζυμαρικά με σπανάκι και φέτα

Κάνει: 4

ΣΥΣΤΑΤΙΚΑ:

- 8 ουγγιές άψητα ζυμαρικά πένες
- 1 ουγγιά ελαιόλαδο
- 1 σκελίδα σκόρδο ψιλοκομμένη
- 24 ουγγιές ντομάτες, ψιλοκομμένες
- 8 ουγγιές φρέσκα μανιτάρια, κομμένα σε φέτες
- 16 ουγγιές συσκευασμένα φύλλα σπανακιού
- Μια πρέζα αλάτι και πιπέρι
- 1 πρέζα νιφάδες κόκκινης πιπεριάς
- 8 ουγγιές θρυμματισμένη φέτα

ΟΔΗΓΙΕΣ:

a) Βράζετε αλατισμένο νερό και μαγειρεύετε τα ζυμαρικά για 5-10 λεπτά ή μέχρι τα νουντλς να είναι μαλακά αλλά σφιχτά στη γεύση. Στραγγίζουμε το νερό από την κατσαρόλα.

b) Ζεσταίνουμε το λάδι σε ένα μεγάλο τηγάνι σε μέτρια-υψηλή φωτιά. Σοτάρουμε το σκόρδο.

c) Προσθέστε τις ντομάτες, τα μανιτάρια, το σπανάκι, αλάτι, πιπέρι και τις κόκκινες νιφάδες στο τηγάνι και ανακατέψτε καλά, μαγειρεύοντας για 2-3 λεπτά ή μέχρι να ζεσταθεί το μείγμα.

d) Χαμηλώνουμε τη φωτιά και προσθέτουμε τα ζυμαρικά και το τυρί. Ανακατεύουμε καλά μέχρι να ζεσταθεί τελείως και σερβίρουμε.

25. Ζυμαρικά πέστο γαρίδας

Κάνει: 8

ΣΥΣΤΑΤΙΚΑ:

- 16 ουγγιές λιγκουίνι ζυμαρικά
- 4 ουγγιές βούτυρο
- 16 ουγγιές παχύρρευστη κρέμα
- ½ κουταλάκι του γλυκού μαύρο πιπέρι, αλεσμένο
- 8 ουγγιές παρμεζάνα, τριμμένη
- 2 ½ ουγγιές σάλτσα πέστο
- 16 ουγγιές μεγάλες αποφλοιωμένες γαρίδες, αποφλοιωμένες

ΟΔΗΓΙΕΣ:

a) Βράζουμε αλατισμένο νερό και μαγειρεύουμε τα noodles για 10 λεπτά

b) Στραγγίστε την πισίνα και αφήστε την στην άκρη.

c) Βράζουμε το βούτυρο σε ένα μεγάλο τηγάνι σε μέτρια φωτιά. Προσθέστε την κρέμα γάλακτος και το πιπέρι, βράζοντας για 8 λεπτά και ανακατεύοντας συνεχώς.

d) Προσθέστε την παρμεζάνα στη σάλτσα και ανακατέψτε καλά. Ρίξτε μέσα το πέστο και μαγειρέψτε για 5 λεπτά ή μέχρι το μείγμα να φτάσει στο επιθυμητό πάχος.

e) Στη συνέχεια, προσθέστε τις γαρίδες και μαγειρέψτε για 5 λεπτά ή μέχρι οι γαρίδες να γίνουν ροζ.

f) Τακτοποιήστε τις γαρίδες πάνω από τα noodles λιγκουίν και σερβίρετε.

26. Σπαγγέτι αργής κουζίνας

Κάνει: 8

ΣΥΣΤΑΤΙΚΑ:

- 1 ουγγιά ελαιόλαδο
- 4 ουγγιές ιταλικό λουκάνικο
- 16 ουγγιές μοσχαρίσιος κιμάς
- 1 κουταλάκι του γλυκού ιταλικό καρύκευμα, αποξηραμένο
- ½ κουταλάκι του γλυκού μαντζουράνα, αποξηραμένη
- 1 κουταλάκι του γλυκού σκόνη σκόρδου
- 29 ουγγιές κονσέρβα σάλτσα ντομάτας
- 6 ουγγιές κονσερβοποιημένη πάστα ντομάτας
- 1 4 ½ ουγγιές κονσέρβα ντομάτες ιταλικού τύπου, κομμένες σε κύβους
- ¼ κουταλάκι του γλυκού φύλλα θυμάρι, αποξηραμένα
- ¼ κουταλάκι του γλυκού βασιλικός, αποξηραμένος
- ½ κουταλάκι του γλυκού ρίγανη
- ⅓-ουγγιά σκόνη σκόρδου
- ½ ουγγιά λευκή ζάχαρη

ΟΔΗΓΙΕΣ:

a) Προθερμάνετε το λάδι σε ένα τεράστιο τηγάνι σε μέτρια φωτιά. Σοτάρετε τα κρεμμύδια και το λουκάνικο στο λάδι μέχρι τα κρεμμύδια να γίνουν διάφανα και το λουκάνικο να ροδίσει ομοιόμορφα.

b) Μεταφέρετε το λουκάνικο στην κατσαρόλα της κουζίνας σας.

c) Μαγειρέψτε τη μαντζουράνα, τον κιμά, τα καρυκεύματα και 1 κουταλάκι του γλυκού σκόρδο στο ίδιο τηγάνι για 10 λεπτά ή μέχρι το κρέας να γίνει εύθρυπτο και να ροδίσει ομοιόμορφα.

d) Μεταφέρετε το βόειο κρέας στο slow cooker. Προσθέστε τα υπόλοιπα υλικά στο μείγμα στο slow cooker και μαγειρέψτε στο χαμηλό για 8 ώρες.

27. Beef Lo Mein

Κάνει: 4

ΣΥΣΤΑΤΙΚΑ:

- 8 ουγγιές άψητα μακαρόνια
- 1 κουταλάκι του γλυκού σησαμέλαιο
- ½ ουγγιά φυστικέλαιο
- 4 σκελίδες σκόρδο ψιλοκομμένες
- ½ ουγγιά τζίντζερ, ψιλοκομμένο
- 32 ουγγιές ανάμεικτα λαχανικά
- 16 ουγγιές μπριζόλα σε λεπτές φέτες
- 1 ½ ουγγιά σάλτσα σόγιας
- 1 ουγγιά καστανή ζάχαρη
- ½ ουγγιά σάλτσα στρειδιών
- ½ ουγγιά πάστα τσίλι με γεύση σκόρδου

ΟΔΗΓΙΕΣ:

a) Βράζουμε αλατισμένο νερό και μαγειρεύουμε τα μακαρόνια για 12 λεπτά

b) Στραγγίζουμε τα noodles και τα ρίχνουμε σε ένα μεγάλο μπολ.

c) Ρίξτε τα νουντλς με σησαμέλαιο και σκεπάστε το μπολ για να διατηρηθούν ζεστά τα νουντλς.

d) Μαγειρέψτε το φυστικέλαιο σε ένα μεγάλο τηγάνι σε μέτρια-υψηλή φωτιά και μαγειρέψτε το σκόρδο και το τζίντζερ σε λάδι για 30 δευτερόλεπτα.

e) Προσθέστε τα λαχανικά στο τηγάνι και μαγειρέψτε για 5 λεπτά, στη συνέχεια προσθέστε το βόειο κρέας και μαγειρέψτε για άλλα 5 λεπτά ή μέχρι να ζεσταθεί.

f) Ανακατεύουμε όλα τα υλικά μαζί για 3 λεπτά μέχρι να ζεσταθούν.

28. Κοτόπουλο Tetrazzini

Κάνει 1-2

ΣΥΣΤΑΤΙΚΑ:

- 16 ουγγιές άψητα ζυμαρικά λιγκουίνι
- 4 ουγγιές βούτυρο
- 24 ουγγιές φρέσκα μανιτάρια, κομμένα σε φέτες
- 8 ουγγιές πράσινη πιπεριά, ψιλοκομμένη
- 21 (½ oz) συμπυκνωμένη κρέμα μανιταρόσουπα
- 16 ουγγιές ζωμός κοτόπουλου
- 16 ουγγιές τυρί τσένταρ, τριμμένο
- 4 ουγγιές μαγειρεύοντας σέρι
- 1 κουταλάκι του γλυκού σάλτσα Worcestershire
- 1 κουταλάκι του γλυκού αλάτι
- ¼ κουταλάκι του γλυκού μαύρο πιπέρι
- 32 ουγγιές μαγειρεμένο στήθος κοτόπουλου, χωρίς κόκαλα, ψιλοκομμένο
- 8 ουγγιές παρμεζάνα, τριμμένη

ΟΔΗΓΙΕΣ:

a) Βράζετε τα ζυμαρικά σε βραστό νερό με αλάτι για 10 λεπτά ή μέχρι τα ζυμαρικά να είναι τρυφερά αλλά σφιχτά στη γεύση.
b) Προθερμάνετε το φούρνο στους 375°F.
c) Μαγειρέψτε το βούτυρο σε ένα μεγάλο τηγάνι σε μέτρια φωτιά και μαγειρέψτε τα μανιτάρια και το πιπέρι στο βούτυρο μέχρι να μαλακώσουν.
d) Προσθέστε τη μανιταρόσουπα και το ζωμό μέχρι να ζεσταθεί. Προσθέστε τα ζυμαρικά, το τυρί τσένταρ, το Worcestershire, το σέρι, αλάτι, πιπέρι και το κοτόπουλο στη μανιταρόσουπα και ανακατέψτε καλά.
e) Τοποθετήστε το μείγμα σε ένα τεράστιο ταψί και πασπαλίστε από πάνω παρμεζάνα και πάπρικα. Ψήνουμε για 35 λεπτά.

29. Μοτσαρέλα τσίλι κατσαρόλα

Κάνει: 4

ΣΥΣΤΑΤΙΚΑ:

- 16 ουγγιές εξαιρετικά άπαχο μοσχαρίσιο κιμά
- 28 ουγγιές σάλτσα σπαγγέτι
- 16 ουγγιές ζυμαρικά ροτίνι
- 16 ουγγιές τριμμένο τυρί μοτσαρέλα

ΟΔΗΓΙΕΣ:

a) Βράζετε τα ζυμαρικά σε βραστό νερό για 10 λεπτά ή μέχρι τα νουντλς να είναι τρυφερά αλλά σφιχτά στη γεύση.

b) Προθερμάνετε το φούρνο στους 350 F

c) Ψεκάστε ένα ταψί με μαγειρικό σπρέι και αφήστε το στην άκρη.

d) Μαγειρέψτε το βόειο κρέας σε ένα μεγάλο τηγάνι σε μέτρια φωτιά μέχρι να ροδίσει ομοιόμορφα και να γίνει εύθρυπτο. Στραγγίστε το περιττό λίπος από το τηγάνι.

e) Προσθέστε τη σάλτσα σπαγγέτι και τα ζυμαρικά στο μοσχαρίσιο κρέας στο τηγάνι.

f) Στην έτοιμη κατσαρόλα, απλώστε μια στρώση κρέατος ακολουθούμενη από μια στρώση τυρί και επαναλάβετε μέχρι να φύγουν τα υλικά.
g) Ψήστε για 25 λεπτά ή μέχρι να λιώσει το τυρί και να αφρατέψει.

30. Λιγκουίνι με γαρίδες και ντομάτα

Κάνει: 6

ΣΥΣΤΑΤΙΚΑ:

- 1 ουγγιά έξτρα παρθένο ελαιόλαδο
- 3 σκελίδες σκόρδο ψιλοκομμένες
- 32 ουγγιές ντομάτες, κομμένες σε κύβους
- 8 ουγγιές ξηρό λευκό κρασί
- 1 ουγγιά βούτυρο
- Ρίψε αλάτι και μαύρο πιπέρι
- 16 ουγγιές άψητα ζυμαρικά λιγκουίνι
- 16 ουγγιές μέτριες γαρίδες, ξεφλουδισμένες και ξεφλουδισμένες
- 1 κουταλάκι του γλυκού καρύκευμα Cajun
- 1 ουγγιά έξτρα παρθένο ελαιόλαδο

ΟΔΗΓΙΕΣ:

a) Βράστε 1 ουγκιά ελαιόλαδο σε μια μεγάλη κατσαρόλα σε μέτρια φωτιά.

b) Σοτάρουμε το σκόρδο στο λάδι για 2 λεπτά και μετά προσθέτουμε τις ντομάτες και το κρασί στο σκόρδο και το λάδι.

c) Μαγειρέψτε το μείγμα για 30 λεπτά, ανακατεύοντας συχνά, στη συνέχεια προσθέστε βούτυρο, αλάτι και πιπέρι.

d) Χρησιμοποιώντας μια μεγάλη κατσαρόλα με αλατισμένο νερό και μαγειρέψτε τα λιγκουίνι για 10-12 λεπτά ή μέχρι al dente.

e) Στραγγίστε το νερό από την πισίνα και αφήστε τα noodles στην άκρη.

f) Πασπαλίστε τις γαρίδες με καρυκεύματα, αλάτι και πιπέρι και μαγειρέψτε σε ένα τηγάνι με 1 ουγγιά ελαιόλαδο σε μέτρια φωτιά.

g) Ανακατεύουμε για 5 λεπτά ή μέχρι να ροδίσουν στο κέντρο.

h) Προσθέστε τις γαρίδες στη σάλτσα των ζυμαρικών, στη συνέχεια ρίξτε με το λιγκουίνι σε ένα μεγάλο μπολ και σερβίρετε.

ΚΡΕΑΣ

31. Μείγμα βαλσαμικού μοσχαριού και μανιταριών

Κάνει: 4

ΣΥΣΤΑΤΙΚΑ:

- 2 κιλά μοσχάρι, κομμένο σε λωρίδες
- ¼ φλιτζάνι βαλσάμικο ξύδι
- 2 φλιτζάνια ζωμός βοδινού
- 1 κουταλιά της σούπας τζίντζερ, τριμμένο
- Χυμό από ½ λεμόνι
- 1 φλιτζάνι καφέ μανιτάρια, κομμένα σε φέτες
- Ρίψε αλάτι και μαύρο πιπέρι
- 1 κουταλάκι του γλυκού αλεσμένη κανέλα

ΟΔΗΓΙΕΣ:

a) Στο slow cooker ανακατεύουμε όλα τα υλικά, σκεπάζουμε και μαγειρεύουμε σε χαμηλή φωτιά για 8 ώρες.
b) Μοιράζουμε τα πάντα σε πιάτα και σερβίρουμε.

32. Μείγμα Χοιρινού Ρίγανης

Κάνει: 4

ΣΥΣΤΑΤΙΚΑ:

- 2 λίβρες χοιρινό ψητό
- 7 ουγγιές πελτέ ντομάτας
- 1 κίτρινο κρεμμύδι, ψιλοκομμένο
- 1 φλιτζάνι ζωμός βοδινού
- 2 κουταλιές της σούπας αλεσμένο κύμινο
- 2 κουταλιές της σούπας ελαιόλαδο
- 2 κουταλιές της σούπας φρέσκια ρίγανη, ψιλοκομμένη
- 1 κουταλιά της σούπας σκόρδο, ψιλοκομμένο
- ½ φλιτζάνι φρέσκο θυμάρι, ψιλοκομμένο

ΟΔΗΓΙΕΣ:

a) Ζεσταίνουμε ένα τηγάνι με το ελαιόλαδο σε μέτρια προς δυνατή φωτιά, προσθέτουμε το ψητό, το ροδίζουμε για 3 λεπτά και από τις δύο πλευρές και μετά το μεταφέρουμε στην αργή κουζίνα μας.

b) Προσθέστε τα υπόλοιπα υλικά, ανακατέψτε λίγο, σκεπάστε και μαγειρέψτε σε χαμηλή φωτιά για 7 ώρες.

c) Κόβουμε το ψητό, το μοιράζουμε σε πιάτα και σερβίρουμε.

33. Απλό ψητό μοσχαρίσιο

Κάνει: 10

ΣΥΣΤΑΤΙΚΑ:

- ψητό μοσχαρίσιο 5 κιλά
- 2 κουταλιές της σούπας ιταλικό καρύκευμα
- 1 φλιτζάνι ζωμός βοδινού
- 1 κουταλιά της σούπας πάπρικα γλυκιά
- 3 κουταλιές της σούπας ελαιόλαδο

ΟΔΗΓΙΕΣ:

a) Στο slow cooker ανακατεύουμε όλα τα υλικά, σκεπάζουμε και μαγειρεύουμε σε χαμηλή φωτιά για 8 ώρες.

b) Χαράζουμε το ψητό, το μοιράζουμε σε πιάτα και σερβίρουμε.

34. Χοιρινό και πιπεριές τσίλι

Κάνει: 4

ΣΥΣΤΑΤΙΚΑ:

- 1 κόκκινο κρεμμύδι, ψιλοκομμένο
- 2 λίβρες χοιρινό, αλεσμένο
- 4 σκελίδες σκόρδο, ψιλοκομμένες
- 2 κόκκινες πιπεριές, ψιλοκομμένες
- 1 κοτσάνι σέλινου, ψιλοκομμένο
- 25 ουγγιές φρέσκες ντομάτες, ξεφλουδισμένες, θρυμματισμένες
- ¼ φλιτζάνι πράσινα τσίλι, ψιλοκομμένα
- 2 κουταλιές της σούπας φρέσκια ρίγανη, ψιλοκομμένη
- 2 κουταλιές της σούπας τσίλι σε σκόνη
- Ρίψε αλάτι και μαύρο πιπέρι
- Ένα ψιλόβροχο ελαιόλαδο

ΟΔΗΓΙΕΣ:

a) Ζεσταίνουμε ένα τηγάνι με το λάδι σε μέτρια προς δυνατή φωτιά και προσθέτουμε το κρεμμύδι, το σκόρδο και το κρέας.

Ανακατεύουμε και ροδίζουμε για 5 λεπτά και μετά το μεταφέρουμε στο slow cooker.

b) Προσθέστε τα υπόλοιπα υλικά, ανακατέψτε, σκεπάστε και μαγειρέψτε σε χαμηλή φωτιά για 8 ώρες.

c) Μοιράζουμε τα πάντα σε μπολ και σερβίρουμε.

35. Quesadillas Ελληνικού στυλ

Κάνει: 4

ΣΥΣΤΑΤΙΚΑ:

- 4 τορτίγιες ολικής αλέσεως
- 1 φλιτζάνι τυρί μοτσαρέλα, τριμμένο
- 1 φλιτζάνι φρέσκο σπανάκι, ψιλοκομμένο
- 2 κουταλιές της σούπας ελληνικό γιαούρτι
- 1 αυγό, χτυπημένο
- ¼ φλιτζανιού πράσινες ελιές, κομμένες σε φέτες
- 1 κουταλιά της σούπας ελαιόλαδο
- ⅓ φλιτζάνι φρέσκο κόλιανδρο, ψιλοκομμένο

ΟΔΗΓΙΕΣ:

a) Στο μπολ, συνδυάστε το τυρί μοτσαρέλα, το σπανάκι, το γιαούρτι, το αυγό, τις ελιές και τον κόλιανδρο.

b) Στη συνέχεια ρίχνουμε το ελαιόλαδο στο τηγάνι.

c) Στο τηγάνι βάζουμε μια τορτίγια και την αλείφουμε με μείγμα μοτσαρέλας.

d) Περιχύνουμε με τη δεύτερη τορτίγια και την αλείφουμε ξανά με μείγμα τυριών.

e) Στη συνέχεια τοποθετούμε την τρίτη τορτίγια και την αλείφουμε με όλο το υπόλοιπο μείγμα τυριών.

f) Την σκεπάζουμε με την τελευταία τορτίγια και τη τηγανίζουμε για 5 λεπτά από κάθε πλευρά σε μέτρια φωτιά

36. Μεσογειακό Burrito

Κάνει: 2

ΣΥΣΤΑΤΙΚΑ:

- 2 τορτίγιες σταρένιο
- 2 ουγγιές κόκκινα φασόλια, σε κονσέρβα, στραγγισμένα
- 2 κουταλιές της σούπας χούμους
- 2 κουταλάκια σάλτσα ταχίνι
- 1 αγγουράκι
- 2 φύλλα μαρουλιού
- 1 κουταλιά της σούπας χυμό λάιμ
- 1 κουταλάκι του γλυκού ελαιόλαδο
- ½ κουταλάκι του γλυκού αποξηραμένη ρίγανη

ΟΔΗΓΙΕΣ:

a) Πολτοποιήστε τα κόκκινα φασόλια μέχρι να πάρετε έναν πουρέ.

b) Στη συνέχεια απλώνουμε τις τορτίγιες σταρένια με τον πουρέ φασολιών από τη μία πλευρά.

c) Προσθέστε χούμους και σάλτσα ταχίνι.

d) Κόβουμε το αγγούρι σε φέτες και το τοποθετούμε πάνω από τη σάλτσα ταχίνι.

e) Στη συνέχεια, προσθέστε φύλλα μαρουλιού.

f) Φτιάχνουμε το ντρέσινγκ: ανακατεύουμε ελαιόλαδο, αποξηραμένη ρίγανη και χυμό λάιμ.

g) Περιχύστε τα φύλλα μαρουλιού με το ντρέσινγκ και τυλίξτε τις τορτίγιες σίτου σε σχήμα μπουρίτο.

37. Πουρέας μπέικον γλυκοπατάτας

Κάνει: 4

ΣΥΣΤΑΤΙΚΑ:

- 3 γλυκοπατάτες καθαρισμένες
- 4 ουγγιές μπέικον, ψιλοκομμένο
- 1 φλιτζάνι ζωμός κοτόπουλου
- 1 κουταλιά της σούπας βούτυρο
- 1 κουταλάκι του γλυκού αλάτι
- 2 ουγγιές παρμεζάνα, τριμμένη

ΟΔΗΓΙΕΣ:

a) Κόβουμε τη γλυκοπατάτα σε κύβους και τη βάζουμε στο τηγάνι.
b) Προσθέστε ζωμό κοτόπουλου και κλείστε το καπάκι.
c) Βράζουμε τα λαχανικά μέχρι να μαλακώσουν.
d) Μετά από αυτό, στραγγίστε τον ζωμό κοτόπουλου.
e) Πολτοποιήστε τη γλυκοπατάτα με τη βοήθεια του πουρέ πατάτας. Προσθέστε τριμμένο τυρί και βούτυρο.

f) Ανακατεύουμε μαζί το αλάτι και το ψιλοκομμένο μπέικον. Τηγανίζουμε το μείγμα μέχρι να γίνει τραγανό (10-15 λεπτά).
g) Προσθέστε το μαγειρεμένο μπέικον στον πουρέ γλυκοπατάτας και ανακατέψτε με τη βοήθεια του κουταλιού.
h) Συνιστάται να σερβίρετε το γεύμα ζεστό ή ζεστό.

38. Μπάλες μοτσαρέλας τυλιγμένες με προσούτο

Κάνει: 4

ΣΥΣΤΑΤΙΚΑ:

- 8 μπαλάκια μοτσαρέλα, μέγεθος κερασιού
- 4 ουγγιές μπέικον, κομμένο σε φέτες
- ¼ κουταλάκι του γλυκού αλεσμένο μαύρο πιπέρι
- ¾ κουταλάκι του γλυκού αποξηραμένο δεντρολίβανο
- 1 κουταλάκι του γλυκού βούτυρο (⅛ υγιεινά λιπαρά)

ΟΔΗΓΙΕΣ:

a) Πασπαλίζουμε το μπέικον σε φέτες με τριμμένο μαύρο πιπέρι και αποξηραμένο δεντρολίβανο.

b) Τυλίξτε κάθε μπάλα μοτσαρέλας με το μπέικον σε φέτες και στερεώστε τα με οδοντογλυφίδες.

c) Λιώστε το βούτυρο.

d) Αλείψτε τις τυλιγμένες μπάλες μοτσαρέλας με βούτυρο.

e) Στρώνουμε το ταψί με την περγαμηνή και στρώνουμε μέσα μπαλάκια μοτσαρέλας.

f) Ψήστε το γεύμα για 10 λεπτά στους 365 F.

39. Κεφτέδες αρνιού Bulgur

Κάνει: 6

ΣΥΣΤΑΤΙΚΑ:

- 1 και ½ φλιτζάνι ελληνικό γιαούρτι
- ½ κουταλάκι του γλυκού κύμινο, αλεσμένο
- 1 φλιτζάνι αγγούρι, τριμμένο
- ½ κουταλάκι του γλυκού σκόρδο, ψιλοκομμένο
- Ρίψε αλάτι και μαύρο πιπέρι
- 1 φλιτζάνι πλιγούρι
- 2 φλιτζάνια νερό
- 1 κιλό αρνί, αλεσμένο
- ¼ φλιτζανιού μαϊντανός, ψιλοκομμένος
- ¼ φλιτζανιού ασκαλώνια, ψιλοκομμένα
- ½ κουταλάκι του γλυκού μπαχάρι, αλεσμένο
- ½ κουταλάκι του γλυκού κανέλα σε σκόνη
- 1 κουταλιά της σούπας ελαιόλαδο

ΟΔΗΓΙΕΣ:

a) Σε ένα μπολ ανακατεύουμε το πλιγούρι με το νερό, σκεπάζουμε το μπολ, αφήνουμε στην άκρη για 10 λεπτά, στραγγίζουμε και μεταφέρουμε σε ένα μπολ.

b) Προσθέτουμε το κρέας, το γιαούρτι και τα υπόλοιπα υλικά εκτός από το λάδι, ανακατεύουμε καλά και πλάθουμε μέτριους κεφτέδες από αυτό το μείγμα.

c) Προθερμαίνουμε το λάδι σε ένα τηγάνι σε μέτρια προς δυνατή φωτιά, προσθέτουμε τα κεφτεδάκια, τα ψήνουμε για 7 λεπτά από κάθε πλευρά, τα αραδιάζουμε όλα σε μια πιατέλα και τα σερβίρουμε ως ορεκτικό.

40. Χούμους με αλεσμένο αρνί

Κάνει: 8

ΣΥΣΤΑΤΙΚΑ:

- 10 ουγγιές χούμους
- 12 ουγγιές αρνίσιο κρέας, αλεσμένο
- ½ φλιτζάνι σπόροι ροδιού
- ¼ φλιτζάνι μαϊντανός, ψιλοκομμένος
- 1 κουταλιά της σούπας ελαιόλαδο

ΟΔΗΓΙΕΣ:

a) Μαγειρέψτε το λάδι σε ένα τηγάνι σε μέτρια προς δυνατή φωτιά, προσθέστε το κρέας και ροδίστε για 15 λεπτά, ανακατεύοντας συχνά.

b) Απλώνουμε το χούμους σε μια πιατέλα, απλώνουμε παντού το αλεσμένο αρνί, απλώνουμε επίσης τους σπόρους του ροδιού και τον μαϊντανό και σερβίρουμε με τσιπς πίτας ως σνακ.

41. Αρνίσιο αβοκάντο γεμιστό

Κάνει: 4

ΣΥΣΤΑΤΙΚΑ:

- 2 αβοκάντο
- 1 ½ φλιτζάνι αρνί κιμά
- ½ φλιτζάνι τυρί τσένταρ
- ½ φλιτζάνι τυρί παρμεζάνα, τριμμένη
- 2 κουταλιές της σούπας αμύγδαλο, ψιλοκομμένο
- 1 κουταλιά της σούπας κόλιανδρο, ψιλοκομμένο
- 2 κουταλιές της σούπας ελαιόλαδο
- 1 ντομάτα, ψιλοκομμένη
- 1 jalapeno, ψιλοκομμένο
- Αλάτι και πιπέρι για να γευτείς
- 1 κουταλάκι του γλυκού σκόρδο, ψιλοκομμένο
- 1 ίντσα τζίντζερ, ψιλοκομμένο

ΟΔΗΓΙΕΣ:

a) Κόβουμε τα αβοκάντο στη μέση. Αφαιρέστε το κουκούτσι και αφαιρέστε λίγη σάρκα για να τη γεμίσετε αργότερα.

b) Σε ένα τηγάνι ρίχνουμε το μισό λάδι.

c) Ρίξτε το τζίντζερ, το σκόρδο για 1 λεπτό.

d) Προσθέστε το αρνί και ανακατέψτε για 3 λεπτά.

e) Προσθέτουμε την ντομάτα, τον κόλιανδρο, την παρμεζάνα, το jalapeno, αλάτι, πιπέρι και μαγειρεύουμε για 2 λεπτά.

f) Κατεβάστε τη φωτιά. Γεμίστε τα αβοκάντο.

g) Ρίξτε τα αμύγδαλα, το τυρί τσένταρ και από πάνω προσθέστε ελαιόλαδο.

h) Προσθέστε σε ένα ταψί και ψήστε για 30 λεπτά. Σερβίρισμα.

42. Μοσχαρίσια κολοκυθάκια φούρνου

Κάνει: 4

ΣΥΣΤΑΤΙΚΑ:

- 2 μεγάλα κολοκυθάκια
- 1 φλιτζάνι μοσχαρίσιος κιμάς
- 1 φλιτζάνι μανιτάρια, ψιλοκομμένα
- 1 ντομάτα, ψιλοκομμένη
- ½ φλιτζάνι σπανάκι, ψιλοκομμένο
- 1 κουταλιά της σούπας σχοινόπρασο, ψιλοκομμένο
- 2 κουταλιές της σούπας ελαιόλαδο
- Αλάτι και πιπέρι για να γευτείς
- 1 κουταλιά της σούπας βούτυρο αμυγδάλου
- 1 κουταλάκι του γλυκού σκόνη σκόρδου
- 1 φλιτζάνι τυρί τσένταρ, τριμμένο
- ⅓ κουταλάκι του γλυκού τζίντζερ σε σκόνη

ΟΔΗΓΙΕΣ:

α) Προθερμάνετε το φούρνο στους 400 βαθμούς Φ.

b) Προσθέστε αλουμινόχαρτο σε ένα ταψί.

c) Κόβουμε τα κολοκυθάκια στη μέση. Βγάλτε τους σπόρους και κάντε τσέπες για να τους γεμίσετε αργότερα.

d) Σε ένα τηγάνι προσθέτουμε το ελαιόλαδο.

e) Ρίξτε το βόειο κρέας μέχρι να ροδίσει.

f) Προσθέστε τα μανιτάρια, την ντομάτα, το σχοινόπρασο, αλάτι, πιπέρι, το σκόρδο, το τζίντζερ και το σπανάκι.

g) Μαγειρέψτε για 2 λεπτά. Κατεβάστε τη φωτιά.

h) Γεμίζουμε τα κολοκυθάκια χρησιμοποιώντας το μείγμα.

i) Τα προσθέτουμε στο ταψί. Πασπαλίζουμε από πάνω το τυρί.

j) Προσθέστε το βούτυρο από πάνω. Ψήνουμε για 30 λεπτά. Σερβίρετε ζεστό.

43. Μπριζόλα κύμινο-λάιμ

Κάνει: 4

ΣΥΣΤΑΤΙΚΑ:

- 20 Μια φορά. Μπριζόλα με άπαχο rib-eye
- 6 Κορυφές μπρόκολου
- ½ φλιτζάνι ζωμό βοδινού
- ¼ κουταλιά της σούπας χυμό λάιμ
- 1 ½ κουταλιά αλεσμένο κύμινο
- 1 ½ κουταλιά αλεσμένο κόλιανδρο
- 2 μεγάλες, ψιλοκομμένες σκελίδες σκόρδο
- 3 κιλά ελαιόλαδο

ΟΔΗΓΙΕΣ:

a) Ανακατεύουμε όλα τα υλικά της μαρινάδας (εκτός από το λάδι) μαζί στο μπλέντερ.

b) Προσθέστε λάδι σε ένα μίξερ με τον κινητήρα να λειτουργεί αργά.

c) Ψύξτε και σκεπάστε μέχρι να είναι έτοιμο για χρήση. Ρίξτε 1 φλιτζάνι μαρινάδα πάνω από μπριζόλες σε ένα γυάλινο σκεύος, σκεπάζοντας με όλες τις πλευρές.

d) Σκεπάζουμε και αφήνουμε να κρυώσει για 6 ώρες (ή όλη τη νύχτα).

e) Ψήστε σε μεσαίου μεγέθους κάρβουνα, γυρνώντας τακτικά και καθαρίστε με ½ φλιτζάνι μαρινάδα που περίσσεψε.

f) Αχνίζουμε το μπρόκολο στο πλάι και σερβίρουμε.

44. Κοκκινιστό Collard Greens σε σάλτσα φυστικιού

Κάνει: 4

ΣΥΣΤΑΤΙΚΑ:

- 2 φλιτζάνια ζωμό κοτόπουλου
- 12 φλιτζάνια ψιλοκομμένα λαχανικά
- 5 κουταλιές της σούπας φυστικοβούτυρο σε σκόνη
- 3 σκελίδες σκόρδο, λιωμένες
- 1 κουταλάκι του γλυκού αλάτι
- ½ κουταλάκι του γλυκού μπαχάρι
- ½ κουταλάκι του γλυκού μαύρο πιπέρι
- 2 κουταλάκι του γλυκού χυμό λεμονιού
- ¾ κουταλάκι του γλυκού καυτερή σάλτσα
- 1 ½ κιλό χοιρινό φιλέτο

ΟΔΗΓΙΕΣ:

a) Πάρτε μια κατσαρόλα με καπάκι που εφαρμόζει σφιχτά και συνδυάστε τα κολάρα με το σκόρδο, το ζωμό κοτόπουλου, την καυτερή σάλτσα και το μισό πιπέρι και αλάτι.

b) Μαγειρέψτε σε χαμηλή φωτιά για 60 λεπτά.

c) Μόλις μαλακώσουν τα κολάρα, ανακατέψτε το χυμό λεμονιού στο μπαχάρι.
d) Και φυστικοβούτυρο σε σκόνη.
e) Διατηρούμαι ζεστός.
f) Αλατοπιπερώνετε το χοιρινό φιλέτο με το υπόλοιπο πιπέρι και αλάτι και ψήνετε σε φούρνο τοστιέρας για 10 λεπτά όταν έχετε εσωτερική θερμοκρασία 145 F.
g) Φροντίστε να γυρίζετε το φιλέτο κάθε 2 λεπτά για να αποκτήσετε ένα ομοιόμορφο ροδάκισμα παντού.
h) Μετά από αυτό, μπορείτε να αφαιρέσετε το χοιρινό από το φούρνο και να το αφήσετε να ξεκουραστεί για περίπου 5 λεπτά.
i) Κόψτε το χοιρινό σε φέτες όπως θέλετε και σερβίρετε πάνω από τα κοκκινιστά χόρτα.

45. Chipotle Cheddar Quesadilla με υψηλή περιεκτικότητα σε πρωτεΐνη

Κάνει: 4

ΣΥΣΤΑΤΙΚΑ:

- Τορτίγιες
- 2 φλιτζάνια τυρί κότατζ
- 2 φλιτζάνια τυρί τσένταρ
- 1 πιπεριά
- 1 φλιτζάνι μανιτάρια Portobello
- 2-3 κουταλιές της σούπας καρύκευμα Chipotle
- Ήπια σάλτσα, για βουτιά

ΟΔΗΓΙΕΣ:

a) Προσθέστε την πιπεριά (κομμένη σε φέτες, κόκκινη) και τα μανιτάρια (κομμένα σε φέτες) σε ένα μεγάλο τηγάνι γκριλ σε μέτρια φωτιά.

b) Μαγειρέψτε για περίπου 10 λεπτά μέχρι να μαλακώσουν. Αφαιρέστε και μεταφέρετε σε ένα μπολ (μέτριο). Αφήνω στην άκρη.

c) Προσθέστε το καρύκευμα chipotle και το τυρί κότατζ σε ένα μικρό μπολ. Ανακατεύουμε καλά να ενσωματωθούν.

d) Τοποθετήστε τις τορτίγιες στο ταψί γκριλ και ρίξτε το μείγμα λαχανικών πάνω από τις τορτίγιες.

e) Πασπαλίζουμε από πάνω το μείγμα τυριού κότατζ και μετά από πάνω με το τυρί τσένταρ (τριμμένο).

f) Τοποθετήστε μια επιπλέον τορτίγια πάνω από τη γέμιση.

g) Μαγειρέψτε για περίπου 2 λεπτά και στη συνέχεια αναποδογυρίστε και συνεχίστε το μαγείρεμα για ένα ακόμη λεπτό.

h) Επαναλαμβάνουμε τη διαδικασία με τις υπόλοιπες τορτίγιες και τη γέμιση.

i) Σερβίρουμε αμέσως με τη σάλτσα (ήπια).

ΠΟΥΛΕΡΙΚΑ

46. Κατσαρόλα μοσχαρίσιο-κοτόπουλο κεφτέ

Κάνει: 7

ΣΥΣΤΑΤΙΚΑ:

- 1 μελιτζάνα
- 10 ουγγιές κιμά κοτόπουλου
- 8 ουγγιές μοσχαρίσιο κιμά
- 1 κουταλάκι του γλυκού ψιλοκομμένο σκόρδο
- 1 κουταλάκι του γλυκού αλεσμένο λευκό πιπέρι
- 1 ντομάτα
- 1 αυγό
- 1 κουταλιά της σούπας αλεύρι καρύδας
- 8 ουγγιές παρμεζάνα, τριμμένη
- 2 κουταλιές της σούπας βούτυρο
- ⅓ φλιτζάνι κρέμα

ΟΔΗΓΙΕΣ:

a) Συνδυάστε τον κιμά κοτόπουλου και τον κιμά σε ένα μεγάλο μπολ.

b) Προσθέστε το ψιλοκομμένο σκόρδο και το τριμμένο λευκό πιπέρι.
c) Στο μπολ σπάμε το αυγό με το μείγμα του κιμά και το ανακατεύουμε προσεκτικά μέχρι να ομογενοποιηθούν.
d) Στη συνέχεια προσθέτουμε το αλεύρι καρύδας και ανακατεύουμε.
e) Φτιάχνουμε μικρά κεφτεδάκια από τον κιμά.
f) Προθερμάνετε τη φριτέζα αέρα στους 360 F.
g) Ραντίζουμε το ταψί του καλαθιού της φριτέζας με το βούτυρο και ρίχνουμε την κρέμα.
h) Καθαρίζουμε τη μελιτζάνα και την ψιλοκόβουμε.
i) Βάζουμε τα κεφτεδάκια πάνω από την κρέμα και τα πασπαλίζουμε με την ψιλοκομμένη μελιτζάνα.
j) Κόβουμε σε φέτες τη ντομάτα και την τοποθετούμε πάνω από τη μελιτζάνα.
k) Κάντε μια στρώση τριμμένο τυρί πάνω από την κομμένη ντομάτα.
l) Βάζουμε την κατσαρόλα στη φριτέζα και τη ψήνουμε για 21 λεπτά.
m) Αφήνουμε την κατσαρόλα να κρυώσει σε θερμοκρασία δωματίου πριν τη σερβίρουμε.

47. Λεμόνι ψητές πατάτες

Κάνει: 5

ΣΥΣΤΑΤΙΚΑ:

- 3 φλιτζάνια ζωμό κότας
- ½ κουταλάκι του γλυκού αλεσμένο μαύρο πιπέρι
- 1 κουταλάκι του γλυκού ρίγανη
- 2 κουταλάκια του γλυκού αλάτι
- 2 λεμόνια, ο χυμός πρέπει να εξαχθεί
- ⅓ φλιτζάνι ελαιόλαδο
- 3 κιλά πατάτες, πρέπει να καθαριστούν και να κοπούν σε φέτες

ΟΔΗΓΙΕΣ:

a) Προθερμάνετε το φούρνο σας στους 400 F

b) Πάρτε ένα μεγάλο μπολ και βάλτε όλες τις φέτες πατάτας. Ψεκάστε τις φέτες με χυμό λεμονιού και ελαιόλαδο και ανακατέψτε τις να καλυφθούν. Στη συνέχεια, αλατοπιπερώνουμε τις πατάτες με μαύρο πιπέρι, ρίγανη και αλατοπιπερώνουμε και ανακατεύουμε άλλη μια φορά για να πάρουν ένα παλτό.

c) Πάρτε ένα ταψί βάθους 2 ιντσών και απλώστε τις σφήνες πατάτας μέσα σε μία μόνο σειρά. Ακολουθεί να ρίξουμε τον ζωμό κότας πάνω από τις πατάτες.

d) Ψήνετε τις πατάτες στον ήδη προθερμασμένο φούρνο μέχρι να ροδίσουν και να μαλακώσουν σε περίπου 1 ώρα.

48. Ιταλικό ψήσιμο κοτόπουλου

Κάνει: 6

ΣΥΣΤΑΤΙΚΑ:

- ¼ φλιτζάνι τυρί παρμεζάνα
- ½ φλιτζάνι d απλό ελληνικό γιαούρτι με χαμηλά λιπαρά
- 4 κουταλιές της σούπας τυρί κρέμα
- 1 φλιτζάνι σάλτσα ντομάτας με χαμηλούς υδατάνθρακες
- ½ κουταλάκι του γλυκού ιταλικό καρύκευμα
- ½ κουταλάκι του γλυκού σκόνη σκόρδου
- 10 ουγγιές ψιλοκομμένο κοτόπουλο

ΟΔΗΓΙΕΣ:

a) Προθερμάνετε το φούρνο σας στους 350 F

b) Παίρνετε ένα λαδωμένο γυάλινο ταψί και τοποθετείτε το ήδη ψιλοκομμένο κοτόπουλο.

c) Ανακατεύουμε όλα τα υπόλοιπα υλικά εκτός από την παρμεζάνα

d) Περιχύνετε το κοτόπουλο με το μείγμα της σάλτσας ντομάτας που έχετε

e) Στη συνέχεια ρίχνουμε από πάνω τυρί παρμεζάνα

f) Ψήνουμε για 25-30 λεπτά ή μέχρι να αρχίσουν οι κατσαρόλες να βγάζουν φουσκάλες.

49. Τηγανητό Καβούρι

Κάνει: 8

ΣΥΣΤΑΤΙΚΑ:

- 1 φλιτζάνι χοντρό κορν φλάουρ
- ½ φλιτζάνι αλεύρι
- ¾ Φλιτζάνι Μπέικιν πάουντερ
- ¼ κουταλιά της σούπας καγιέν
- 2 σχοινόπρασο, ψιλοκομμένο
- 8 ουγγιές κρέας καβουριού με νύχια
- 4 ουγγιές τυρί γραβιέρα, παγωμένο
- 1 φλιτζάνι νερό ζύμης

ΟΔΗΓΙΕΣ:

a) Ζεσταίνουμε λάδι 1 ½ ίντσας σε ένα μεγάλο ολλανδικό φούρνο σε μέτρια φωτιά στους 350 βαθμούς F (τηγανίζουμε).

b) Εν τω μεταξύ, ανακατέψτε το καλαμποκάλευρο, το αλεύρι, το μπέικιν πάουντερ, το καγιέν, τη μαγειρική σόδα και ¾ κουταλάκι του γλυκού αλάτι σε ένα μπολ.

c) Προσθέτουμε το κρεμμύδι και το κρεμμύδι και ανακατεύουμε να ενωθούν. Προσθέστε το κρέας καβούρι και το τυρί και ανακατέψτε με ένα πιρούνι να ενωθούν. Στο κέντρο ενός πηγαδιού προσθέτουμε το βούτυρο και το αυγό και ανακατεύουμε να ενωθούν.

d) Ρίχνουμε τη σούπα με το κουτάλι στο καυτό λάδι και προσέχουμε να μην χυθεί το τηγάνι και τηγανίζουμε, περιστασιακά γυρίζοντας μέχρι να ροδίσει, για 3 με 5 λεπτά.

e) Μεταφέρετε σε ένα φύλλο χαρτί κουζίνας - αλατοπιπερώστε, επαναλάβετε με την υπόλοιπη ζύμη.

50. Άπαχο και πράσινο τραγανό τάκος κοτόπουλου

Κάνει: 4

ΣΥΣΤΑΤΙΚΑ:

- ½ φλιτζάνι ζωμός κοτόπουλου με χαμηλή περιεκτικότητα σε νάτριο
- 2 στήθη κοτόπουλου, ψιλοκομμένα
- 1 σκελίδα σκόρδο, ψιλοκομμένη
- 3 ντοματίνια δαμάσκηνα, ψιλοκομμένα
- 1 κουταλάκι του γλυκού κύμινο σε σκόνη
- 1 κουταλάκι του γλυκού κανέλα σε σκόνη
- 1 κουταλάκι του γλυκού αλεσμένο κόλιανδρο
- ½ κόκκινο τσίλι, ψιλοκομμένο
- 1 κουταλιά της σούπας χυμό λάιμ
- Κρέας από 1 ώριμο αβοκάντο
- 1 αγγουράκι

ΟΔΗΓΙΕΣ:

a) Βάζουμε μια κουταλιά της σούπας ζωμό κοτόπουλου σε ένα τηγάνι και ζεσταίνουμε σε μέτρια φωτιά. Σοτάρουμε με νερό το κοτόπουλο, το σκόρδο και τις ντομάτες για 4 λεπτά ή μέχρι να μαραθούν οι ντομάτες.

b) Καρυκεύουμε με κύμινο, κανέλα και κόλιανδρο. Χαμηλώνουμε τη φωτιά και μαγειρεύουμε για άλλα 5 λεπτά. Αφήνουμε στην άκρη και αφήνουμε να κρυώσει.

c) Ενσωματώστε κρεμμύδι, τσίλι, χυμό λάιμ και πολτοποιημένο αβοκάντο. Αυτή είναι η σάλσα.

d) Τρίψτε τη σάλσα και από πάνω το αγγούρι σε φέτες. Από πάνω βάζουμε μαγειρεμένο κοτόπουλο.

51. Κρεατάκι με κοτόπουλο και γαλοπούλα

Κάνει: 9

ΣΥΣΤΑΤΙΚΑ:

- 3 κουταλιές της σούπας βούτυρο
- 10 ουγγιές αλεσμένη γαλοπούλα
- 7 ουγγιές κιμά κοτόπουλου
- 1 κουταλάκι του γλυκού αποξηραμένος άνηθος
- ½ κουταλάκι του γλυκού αλεσμένο κόλιανδρο
- 2 κουταλιές της σούπας αλεύρι αμυγδάλου
- 1 κουταλιά της σούπας ψιλοκομμένο σκόρδο
- 3 ουγγιές φρέσκο σπανάκι
- 1 κουταλάκι του γλυκού αλάτι
- 1 αυγό
- ½ κουταλιά της σούπας πάπρικα
- 1 κουταλάκι του γλυκού σησαμέλαιο

ΟΔΗΓΙΕΣ:

a) Σε ένα μεγάλο μπολ βάζουμε τον κιμά γαλοπούλας και τον κιμά κοτόπουλου.

b) Πασπαλίζουμε το κρέας με αποξηραμένο άνηθο, αλεσμένο κόλιανδρο, αλεύρι αμυγδάλου, ψιλοκομμένο σκόρδο, αλάτι και πάπρικα.

c) Στη συνέχεια ψιλοκόβουμε το φρέσκο σπανάκι και το προσθέτουμε στο αλεσμένο μείγμα πουλερικών.

d) Σπάμε το αυγό στο μείγμα του κρέατος και ανακατεύουμε καλά μέχρι να έχουμε μια λεία υφή.

e) Αλείφουμε το ταψί του καλαθιού της φριτέζας με ελαιόλαδο.

f) Προθερμάνετε τη φριτέζα αέρα στους 350 F.

g) Τυλίξτε απαλά το μείγμα του κιμά για να γίνει η επίπεδη στρώση.

h) Βάζουμε το βούτυρο στο κέντρο της στρώσης του κρέατος.

i) Φτιάχνουμε το σχήμα της φραντζόλας από το μείγμα κιμά. Χρησιμοποιήστε τα δάχτυλά σας για αυτό το βήμα.

j) Τοποθετήστε το κρεατόψωμα στο ταψί του καλαθιού της φριτέζας.

k) Μαγειρέψτε για 25 λεπτά.

l) Όταν ψηθεί η φραντζόλα, την αφήνουμε να ξεκουραστεί πριν τη σερβίρουμε.

52. Κοτόπουλο με ρίγανη σκόρδο λεμόνι με σπαράγγια

Κάνει: 4

ΣΥΣΤΑΤΙΚΑ:

- 1 μικρό λεμόνι, χυμό
- 1 ¾ κιλό μπούτια κοτόπουλου με κόκαλα, χωρίς δέρμα
- 2 κουταλιές της σούπας φρέσκια ρίγανη, ψιλοκομμένη
- 2 σκελίδες σκόρδο, ψιλοκομμένες
- 2 λίβρες. από σπαράγγια, κομμένα
- ¼ κουταλάκι του γλυκού το καθένα ή λιγότερο για μαύρο πιπέρι και αλάτι

ΟΔΗΓΙΕΣ:

a) Προθερμάνετε το φούρνο στους 350°F περίπου.

b) Βάζουμε το κοτόπουλο σε ένα μεσαίου μεγέθους μπολ. Τώρα, προσθέστε το σκόρδο, τη ρίγανη, το χυμό λεμονιού, το πιπέρι και το αλάτι και ανακατέψτε τα να ενωθούν.

c) Ψήνετε το κοτόπουλο στον φούρνο της φριτέζας μέχρι να φτάσει σε εσωτερική θερμοκρασία 165°F σε περίπου 40 λεπτά.

Μόλις ψηθούν τα μπούτια του κοτόπουλου, τα αφαιρούμε και τα αφήνουμε στην άκρη να ξεκουραστούν.

d) Τώρα, μαγειρέψτε τα σπαράγγια στον ατμό σε εστίες μαγειρέματος ή σε φούρνο μικροκυμάτων μέχρι να γίνει το επιθυμητό.

e) Σερβίρετε τα σπαράγγια με τα ψητά μπούτια κοτόπουλου.

53. Πόπερ με κοτόπουλο καρύδας

Κάνει: 6

ΣΥΣΤΑΤΙΚΑ:

- ½ φλιτζάνι αλεύρι καρύδας
- 1 κουταλάκι του γλυκού νιφάδες τσίλι
- 1 κουταλάκι του γλυκού αλεσμένο μαύρο πιπέρι
- 1 κουταλάκι του γλυκού σκόνη σκόρδου
- 11 ουγγιές στήθος κοτόπουλου, χωρίς κόκαλα, χωρίς δέρμα
- 1 κουταλιά της σούπας ελαιόλαδο

ΟΔΗΓΙΕΣ:

a) Κόβουμε το στήθος κοτόπουλου σε μεγάλους κύβους και τα βάζουμε σε ένα μεγάλο μπολ.

b) Πασπαλίστε τους κύβους κοτόπουλου με νιφάδες τσίλι, αλεσμένο μαύρο πιπέρι, σκόνη σκόρδου και ανακατέψτε τα καλά χρησιμοποιώντας τα χέρια σας.

c) Μετά από αυτό, πασπαλίζουμε τους κύβους του κοτόπουλου με το αλεύρι αμυγδάλου.

d) Ανακινήστε απαλά το μπολ με τους κύβους κοτόπουλου για να καλυφθεί το κρέας.

e) Προθερμάνετε τη φριτέζα αέρα στους 365 F.

f) Αλείφουμε το ταψί του καλαθιού της φριτέζας με ελαιόλαδο.

g) Τοποθετήστε μέσα τους κύβους κοτόπουλου.

h) Μαγειρέψτε τα κοτόπουλα για 10 λεπτά.

i) Αναποδογυρίζουμε τα κοτόπουλα μετά από 5 λεπτά ψησίματος.

j) Αφήστε τα μαγειρεμένα κοτόπουλο poppers να κρυώσουν πριν τα σερβίρετε.

54. Κοτόπουλο με λεμόνι βασιλικό

Κάνει: 5

ΣΥΣΤΑΤΙΚΑ:

- 1 κουταλιά της σούπας έξτρα παρθένο ελαιόλαδο
- ½ μεγάλο κίτρινο κρεμμύδι ψιλοκομμένο περίπου 1 φλιτζάνι
- 4 σκελίδες σκόρδο ψιλοκομμένες
- 1 ½ λίβρα. στήθη κοτόπουλου χωρίς κόκαλα χωρίς δέρμα
- 2 κουταλιές της σούπας σάλτσα σόγιας με χαμηλή περιεκτικότητα σε νάτριο
- ¼ κουταλάκι του γλυκού αλεσμένο μαύρο πιπέρι
- Χαλαρά συσκευασμένο baby σπανάκι (5 φλιτζ.)
- 1 κουταλιά της σούπας ξύσμα λεμονιού
- 2 κουταλιές της σούπας χυμό λεμονιού φρεσκοτριμμένο
- 2 φλιτζάνια φρέσκα φύλλα βασιλικού
- Κοσέρ αλάτι και πιπέρι
- Ετοιμασμένο καστανό ρύζι

ΟΔΗΓΙΕΣ:

a) Βράζουμε το ελαιόλαδο σε ένα μεγάλο τηγάνι σε μέτρια φωτιά. Όταν ζεσταθεί, προσθέστε το κρεμμύδι και μαγειρέψτε για περίπου 4 λεπτά, ανακατεύοντας συχνά, μέχρι να μαλακώσει. Συνδέστε το σκόρδο και μαγειρέψτε για άλλα 30 δευτερόλεπτα μέχρι να μυρίσει.

b) Προσθέστε το κοτόπουλο, ανεβάστε τη φωτιά σε μέτρια και μαγειρέψτε για περίπου 3 λεπτά, να ροδίσει από όλες τις πλευρές. Ανακατεύουμε με τη σάλτσα σόγιας και επίσης το μαύρο πιπέρι.

c) Αφήστε το να ψηθεί για περίπου 3 λεπτά μέχρι να ψηθεί πλήρως το κοτόπουλο.

d) Ανακατέψτε μερικές χούφτες τη φορά μέσα στο σπανάκι, αφήνοντας τη θερμότητα του τηγανιού να το μαραθεί καθώς προχωράτε.

e) Ρίξτε το ξύσμα λεμονιού, τον βασιλικό και το χυμό λεμονιού μέχρι να μαραθεί ο βασιλικός, περίπου 1 λεπτό ακόμα.

f) Σερβίρουμε ζεστό, κατά βούληση, με ρύζι.

55. Πίτσα Margherita με κρούστα κοτόπουλου

Κάνει: 2

ΣΥΣΤΑΤΙΚΑ:

- ¼ φλιτζάνι βασιλικός ψιλοκομμένος
- 2 ντοματίνια, κομμένα σε φέτες
- ½ φλιτζάνι σάλτσα ντομάτας χωρίς προσθήκη ζάχαρης (όπως το Rao's Homemade)
- ½ κουταλάκι του γλυκού ιταλικό καρύκευμα
- 2 κουταλιές της σούπας τριμμένη παρμεζάνα
- 1 αυγό
- ½ κιλό αλεσμένο στήθος κοτόπουλου

ΟΔΗΓΙΕΣ:

a) Προθερμάνετε το φούρνο στους 400 F.

b) Συνδυάστε το αλεσμένο στήθος κοτόπουλου, το αυγό, το τυρί παρμεζάνα και τα ιταλικά καρυκεύματα σε ένα μεσαίου μεγέθους μπολ. Στη συνέχεια, σχηματίστε το μείγμα κοτόπουλου σε σχήμα παρόμοιο με μια λεπτή και κυκλική κρούστα σε ένα ταψί στρωμένο με περγαμηνή αλλά ελαφρώς λαδωμένο. Ψήνουμε για περίπου 20 λεπτά όταν θα έπρεπε να έχει ροδίσει.

c) Περιχύνουμε με φέτες ντομάτας, τυρί και σάλτσα και ψήνουμε μέχρι να λιώσει το τυρί σε περίπου 7-10 λεπτά.

d) Στη συνέχεια, βάλτε φρέσκο βασιλικό πριν το σερβίρετε.

56. Κοτόπουλο Stir Fry

Κάνει: 4

ΣΥΣΤΑΤΙΚΑ:

- ½ φλιτζάνι ζωμός κοτόπουλου, με χαμηλό νάτριο
- 12 ουγγιές στήθη κοτόπουλου χωρίς πέτσα, κομμένα σε λωρίδες
- 1 φλιτζάνι κόκκινη πιπεριά, ξεσποριασμένη και ψιλοκομμένη
- 8 ουγγιές (1 φλιτζάνι) μπρόκολο, κομμένο σε μπουκίτσες
- 1 κουταλάκι του γλυκού τριμμένη κόκκινη πιπεριά

ΟΔΗΓΙΕΣ:

a) Τοποθετήστε μια μικρή ποσότητα ζωμού κοτόπουλου σε μια κατσαρόλα. Ζεσταίνουμε σε μέτρια φωτιά και ανακατεύουμε το κοτόπουλο.

b) Νερό σοτάρουμε το κοτόπουλο για τουλάχιστον 5 λεπτά ανακατεύοντας συνεχώς.

c) Τοποθετούμε τα υπόλοιπα υλικά και ανακατεύουμε.

d) Σκεπάζουμε και μαγειρεύουμε για άλλα 5 λεπτά.

57. Greek Island Chish Kebabs με κοτόπουλο

Κάνει: 6

ΣΥΣΤΑΤΙΚΑ:

- 12 μέτρια κενά φρέσκα μανιτάρια
- 12 ντοματίνια
- 2 μεγάλες κόκκινες ή πράσινες πιπεριές κομμένες σε φέτες
- 2 κιλά στήθος κοτόπουλου χωρίς πέτσα και κόκαλα
- ¼ κουταλάκι του γλυκού αλεσμένο μαύρο πιπέρι
- ¼ κουταλάκι του γλυκού αλάτι
- ½ κουταλάκι του γλυκού αποξηραμένο θυμάρι
- 1 κουταλάκι του γλυκού αποξηραμένη ρίγανη
- 1 κουταλάκι του γλυκού αλεσμένο κύμινο
- 2 σκελίδες σκόρδο, για να λιώσουν
- ¼ φλιτζάνι λευκό ξύδι
- ¼ φλιτζάνι χυμό λεμονιού
- ¼ φλιτζάνι ελαιόλαδο

ΟΔΗΓΙΕΣ:

a) Χτυπάμε το μαύρο πιπέρι, το αλάτι, το θυμάρι, τη ρίγανη, το κύμινο, το σκόρδο, το ξύδι, το χυμό λεμονιού και το ελαιόλαδο μαζί σε ένα μεγάλο κεραμικό μπολ ή ποτήρι. Προσθέστε το κοτόπουλο και ανακατέψτε για να πάρει μια λεπτή στρώση.

b) Παίρνουμε μια πλαστική μεμβράνη για να καλύψει το μπολ και το βάζουμε στο ψυγείο να μαριναριστεί για τουλάχιστον 2 ώρες.

c) Βάλτε τα ξύλινα σουβλάκια σε νερό και μουλιάστε για περίπου 30 λεπτά πριν τα χρησιμοποιήσετε.

d) Πάρτε μια εξωτερική σχάρα, λαδώστε ελαφρά τη σχάρα και προθερμάνετε σε μέτρια προς δυνατή φωτιά.

e) Αφαιρέστε το κοτόπουλο από τη μαρινάδα και αφαιρέστε το περιττό υγρό από αυτό. Στη συνέχεια, αδειάστε την υπόλοιπη μαρινάδα. Στη συνέχεια, περάσετε το μαριναρισμένο κοτόπουλο με μανιτάρια, ντοματίνια, κρεμμύδι και πιπεριές στα σουβλάκια.

f) Στη συνέχεια, βάλτε τα σουβλάκια στην ήδη προθερμασμένη σχάρα και μαγειρέψτε, γυρίστε όσο πιο συχνά γίνεται μέχρι να ροδίσει από όλες τις πλευρές, περιμένετε περίπου 10 λεπτά όταν το κοτόπουλο δεν πρέπει να είναι πλέον ροζ από το κέντρο του.

58. Κοτόπουλο Kabobs Mexicana

Κάνει: 4

ΣΥΣΤΑΤΙΚΑ:

- 10 ντοματίνια
- 1 κόκκινη πιπεριά, πρέπει να κοπεί σε κομμάτια 1 ίντσας
- 1 μικρό κολοκυθάκι, πρέπει να κοπεί σε φέτες ½ - ίντσας
- 2 μισά στήθη, με αφαιρεμένα τα κόκαλα και το δέρμα
- Μαύρο πιπέρι και αλάτι για γεύση
- 1 λάιμ, πρέπει να χυθεί
- 2 κουταλιές της σούπας φρέσκο κόλιανδρο ψιλοκομμένο
- 1 κουταλάκι του γλυκού αλεσμένο κύμινο
- 2 κουταλιές της σούπας ελαιόλαδο

ΟΔΗΓΙΕΣ:

a) Πάρτε ένα ρηχό πιάτο και ανακατέψτε μέσα χυμό λάιμ, ψιλοκομμένο κόλιανδρο, κύμινο και ελαιόλαδο. Στη συνέχεια αλατοπιπερώνουμε. Προσθέστε το κοτόπουλο και φροντίστε να το ανακατέψετε πολύ καλά. Σκεπάζουμε με καπάκι για όχι λιγότερο από 1 ώρα.

b) Αφήστε το γκριλ σας να προθερμανθεί σε δυνατή φωτιά.

c) Περάστε τις ντομάτες, την κόκκινη πιπεριά, το κρεμμύδι, τα κολοκυθάκια και το κοτόπουλο σε σουβλάκια.

d) Χρησιμοποιήστε λάδι για να αλείψετε τη σχάρα και τακτοποιήστε τα σουβλάκια στη ζεστή σχάρα. Αφήστε το να ψηθεί για περίπου 10 λεπτά μέχρι να ψηθεί καλά το κοτόπουλο. Θα πρέπει να το γυρίζετε κατά διαστήματα ώστε να ψηθούν καλά όλες οι πλευρές του.

59. Κοτόπουλο με λαχανικά και κινόα

Κάνει: 4

ΣΥΣΤΑΤΙΚΑ:

- 1 κουταλιά της σούπας χυμό λάιμ
- 8 φύλλα φρέσκου βασιλικού
- 4 ουγγιές θρυμματισμένη φέτα
- 1 ντομάτα, κομμένη σε κύβους
- 1 κολοκυθάκι, κομμένο σε κύβους
- 2 κουταλιές της σούπας έξτρα παρθένο ελαιόλαδο
- 2 μισά στήθη με αφαιρεμένα τα κόκαλα και το δέρμα, πρέπει να κοπούν σε λωρίδες
- 2 σκελίδες σκόρδο
- 2 κουταλιές της σούπας έξτρα παρθένο ελαιόλαδο
- 2 φλιτζάνια ζωμό κότας
- 1 φλιτζάνι ξεπλυμένη κινόα

ΟΔΗΓΙΕΣ:

a) Παίρνουμε μια κατσαρόλα και προσθέτουμε το ζωμό κοτόπουλου και την κινόα και αφήνουμε να βράσουν, χαμηλώνουμε τη φωτιά να σιγοβράσει και βάζουμε ένα καπάκι πάνω από την κατσαρόλα. Αφήνουμε να σιγοβράσει μέχρι να φανεί η λευκή γραμμή στον κόκκο, η κινόα να αφρατέψει και να απορροφηθεί ο ζωμός σε περίπου 12 λεπτά.

b) Παίρνουμε ένα τηγάνι και ρίχνουμε μέσα 2 κουταλιές της σούπας ελαιόλαδο, το ζεσταίνουμε, μαγειρεύουμε και ανακατεύουμε τα κρεμμύδια και τις σκελίδες σκόρδου για 5 λεπτά.

c) Προσθέστε τις λωρίδες στήθους κοτόπουλου ενώ ανακατεύετε και αφήστε το να ψηθεί για περίπου 5 λεπτά. το κοτόπουλο θα πρέπει να είναι ακόμα λίγο ροζ στο κέντρο από αυτό το σημείο. Σε αυτό το σημείο αφαιρούμε το κρέας του κοτόπουλου και το βάζουμε από τη μία πλευρά.

d) Ρίχνουμε άλλες 2 κουταλιές της σούπας ελαιόλαδο στο τηγάνι και βράζουμε και ανακατεύουμε τη ντομάτα και τα κολοκυθάκια μέχρι να μαλακώσουν τα κολοκυθάκια σε περίπου 5-8 λεπτά. Ξαναβάζουμε το κοτόπουλο μέσα στο τηγάνι και πασπαλίζουμε με χυμό λάιμ, φύλλα βασιλικού και φέτα. Μαγειρέψτε για 10 λεπτά.

e) Σερβίρουμε με ζεστή κινόα.

60. Καλοκαιρινά μπιφτέκια κοτόπουλου

Κάνει: 7

ΣΥΣΤΑΤΙΚΑ:

- 4 φέτες τυρί προβολόνε
- 4 κουταλιές της σούπας μαγιονέζα
- 4 ρολά (κενά) ψωμάκια χάμπουργκερ
- Πιπέρι και αλάτι για γεύση
- 4 μισά στήθη με αφαιρεμένα τα κόκαλα και το δέρμα, μισά στήθη κοτόπουλου χωρίς κόκαλα, χωρίς δέρμα
- 1 μεγάλο κρεμμύδι Vidalia, κομμένο σε ροδέλες
- 1 κουταλιά της σούπας βούτυρο
- 1 κουταλιά της σούπας χυμό λεμονιού
- 1 ώριμο αβοκάντο, πρέπει να είναι κομμένο σε φέτες

ΟΔΗΓΙΕΣ:

α) Πάρτε ένα μικρό μπολ και συνδυάστε το χυμό λεμονιού και το αβοκάντο σε φέτες. Προσθέτουμε νερό μέχρι να τα σκεπάσει και

τα αφήνουμε στην άκρη. Πάρτε μια εξωτερική σχάρα, απλώστε ένα ελαφρύ λάδι για να τρίψετε και προθερμάνετε σε δυνατή φωτιά.
b) Βάλτε το βούτυρο σε ένα μεγάλο, βαρύ τηγάνι και τοποθετήστε το σε μέτρια προς δυνατή φωτιά. Σοτάρουμε τα κρεμμύδια μέχρι να ροδίσουν και να καραμελώσουν και μετά τα αφήνουμε στην άκρη.
c) Αλατοπιπερώνουμε το κοτόπουλο. Τοποθετήστε το στη σχάρα και αφήστε το να ψηθεί μέχρι να στεγνώσουν οι χυμοί και να μην είναι πλέον ροζ, χρησιμοποιώντας περίπου 5 λεπτά για κάθε πλευρά. Τοποθετήστε τα ψωμάκια στη σχάρα μέχρι να ψηθούν.
d) Στη συνέχεια, αλείψτε τα ψωμάκια με μαγιονέζα κατά βούληση και στη συνέχεια στρώστε τα με αβοκάντο, προβολόνε, καραμελωμένο κρεμμύδι και κοτόπουλο.

ΘΑΛΑΣΣΙΝΑ

61. Γαρίδες με σκόρδο

Κάνει: 2

ΣΥΣΤΑΤΙΚΑ:

- 1 κιλό γαρίδες
- ¼ κουταλάκι του γλυκού μαγειρική σόδα
- 2 κουταλιές της σούπας λάδι
- 2 κουταλάκια του γλυκού ψιλοκομμένο σκόρδο
- ¼ φλιτζάνι βερμούτ
- 2 κουταλιές της σούπας ανάλατο βούτυρο
- 1 κουταλάκι του γλυκού μαϊντανό

ΟΔΗΓΙΕΣ:

a) Σε ένα μπολ ρίξτε τις γαρίδες με μαγειρική σόδα και αλάτι, αφήστε τις να σταθούν για μερικά λεπτά

b) Σε ένα τηγάνι ζεσταίνουμε το ελαιόλαδο και προσθέτουμε τις γαρίδες

c) Προσθέστε το σκόρδο, τις νιφάδες κόκκινης πιπεριάς και μαγειρέψτε για 1-2 λεπτά

d) Προσθέστε το βερμούτ και μαγειρέψτε για άλλα 4-5 λεπτά

e) Όταν είναι έτοιμο, αποσύρουμε από τη φωτιά και σερβίρουμε

62. Τραγανό Ψάρι

Κάνει: 4

ΣΥΣΤΑΤΙΚΑ:

- Φιλέτα ψαριού χοντρά
- ¼ φλιτζάνι αλεύρι για όλες τις χρήσεις
- 1 αυγό
- 1 φλιτζάνι ψίχα ψωμιού
- 2 κουταλιές της σούπας λαχανικά
- Σφήνα λεμονιού

ΟΔΗΓΙΕΣ:

a) Σε ένα πιάτο προσθέτουμε το αλεύρι, το αυγό, την τριμμένη φρυγανιά σε διάφορα πιάτα και αφήνουμε στην άκρη

b) Βουτάμε κάθε φιλέτο ψαριού στο μπολ με το αλεύρι, το αυγό και μετά τα ψίχουλα ψωμιού

c) Τοποθετήστε κάθε φιλέτο ψαριού σε ένα ζεστό τηγάνι και μαγειρέψτε για 4-5 λεπτά ανά πλευρά

d) Όταν είναι έτοιμο, αφαιρούμε από το τηγάνι και σερβίρουμε με φέτες λεμονιού

63. Μούλες Μαρινιέρες

Κάνει: 4

ΣΥΣΤΑΤΙΚΑ:

- 2 κουταλιές της σούπας ανάλατο βούτυρο
- 1 πράσο
- 1 ασκαλώνιο
- 2 σκελίδες σκόρδο
- 2 φύλλα δάφνης
- 1 φλιτζάνι λευκό κρασί
- 2 κιλά μύδια
- 2 κουταλιές της σούπας μαγιονέζα
- 1 κουταλιά της σούπας ξύσμα λεμονιού
- 2 κουταλιές της σούπας μαϊντανό
- 1 ζυμωτό ψωμί

ΟΔΗΓΙΕΣ:

a) Σε μια κατσαρόλα λιώστε το βούτυρο, προσθέστε τα πράσα, το σκόρδο, τα φύλλα δάφνης, το ασκαλώνιο και μαγειρέψτε μέχρι να μαλακώσουν τα λαχανικά

b) Αφήνουμε να πάρει μια βράση, προσθέτουμε τα μύδια και μαγειρεύουμε για 1-2 λεπτά

c) Μεταφέρετε τα μύδια σε ένα μπολ και τα σκεπάζετε

d) Χτυπάμε το υπόλοιπο βούτυρο με τη μαγιονέζα και επιστρέφουμε τα μύδια στην κατσαρόλα

e) Προσθέστε το χυμό λεμονιού, το ξύσμα λεμονιού μαϊντανό και ανακατέψτε να ενωθούν

64. Μύδια στον ατμό με Καρύδα-Κάρι

Κάνει: 4

ΣΥΣΤΑΤΙΚΑ:

- 6 κλωναράκια κόλιανδρο
- 2 σκελίδες σκόρδο
- 2 ασκαλώνια
- ¼ κουταλάκι του γλυκού σπόροι κόλιανδρου
- ¼ κουταλάκι του γλυκού νιφάδες κόκκινου τσίλι
- 1 κουταλάκι του γλυκού ξύσμα
- 1 κουτί γάλα καρύδας
- 1 κουταλιά της σούπας φυτικό λάδι
- 1 κουταλιά της σούπας πάστα κάρυ
- 1 κουταλιά της σούπας καστανή ζάχαρη
- 1 κουταλιά της σούπας σάλτσα ψαριού
- 2 κιλά μύδια

ΟΔΗΓΙΕΣ:

a) Σε ένα μπολ ανακατεύουμε το ξύσμα λάιμ, τους μίσχους κόλιανδρου, το ασκαλώνιο, το σκόρδο, τον κόλιανδρο, το τσίλι και το αλάτι
b) Σε μια κατσαρόλα ζεσταίνουμε το ελαιόλαδο, προσθέτουμε το σκόρδο, τα ασκαλώνια, την κοπανισμένη πάστα και την πάστα κάρυ
c) Μαγειρέψτε για 3-4 λεπτά, προσθέστε το γάλα καρύδας, τη ζάχαρη και τη σάλτσα ψαριού
d) Αφήνουμε να σιγοβράσει και προσθέτουμε τα μύδια
e) Ρίξτε το χυμό λάιμ, τα φύλλα κόλιανδρου και μαγειρέψτε για μερικά λεπτά ακόμα
f) Όταν είναι έτοιμο, αποσύρουμε από τη φωτιά και σερβίρουμε.

65. Χυλοπίτες τόνου κατσαρόλα

Κάνει: 4

ΣΥΣΤΑΤΙΚΑ:

- 2 ουγγιές χυλοπίτες αυγών
- 4 ουγγιές fraiche
- 1 αυγό
- 1 κουταλάκι του γλυκού άμυλο καλαμποκιού
- 1 κουταλιά της σούπας χυμό από 1 λεμόνι
- 1 κονσέρβα τόνο
- ¼ φλιτζάνι μαϊντανός

ΟΔΗΓΙΕΣ:

a) Τοποθετούμε τα noodles σε μια κατσαρόλα με νερό και τα αφήνουμε να βράσουν

b) Σε ένα μπολ ανακατεύουμε το αυγό, την κρεμ φρές και το χυμό λεμονιού, χτυπάμε καλά

c) Όταν ψηθούν τα noodles, προσθέστε το μείγμα της κρέμας φρεϊς στο τηγάνι και ανακατέψτε καλά

d) Προσθέστε τον τόνο, το χυμό λεμονιού μαϊντανό και ανακατέψτε καλά
e) Όταν είναι έτοιμο, αποσύρουμε από τη φωτιά και σερβίρουμε.

66. Μπιφτέκια σολομού

Κάνει: 4

ΣΥΣΤΑΤΙΚΑ:

- 1 κιλό φιλέτα σολομού
- ¼ φύλλα άνηθου
- 1 κουταλιά της σούπας μέλι
- 1 κουταλιά της σούπας χρένο
- 1 κουταλιά της σούπας μουστάρδα
- 1 κουταλιά της σούπας ελαιόλαδο
- 2 ψημένα ψημένα ρολά
- 1 αβοκάντο

ΟΔΗΓΙΕΣ:

a) Βάζουμε τα φιλέτα σολομού στο μπλέντερ και τα χτυπάμε μέχρι να ομογενοποιηθούν, τα μεταφέρουμε σε ένα μπολ, προσθέτουμε τον άνηθο, το μέλι, το χρένο και ανακατεύουμε καλά

b) Αλατοπιπερώνουμε και σχηματίζουμε 4 μπουρεκάκια

c) Σε ένα μπολ ανακατεύουμε τη μουστάρδα, το μέλι, τη μαγιονέζα και τον άνηθο
d) Σε ένα τηγάνι ζεσταίνουμε το ελαιόλαδο, προσθέτουμε τα μπιφτέκια σολομού και μαγειρεύουμε για 2-3 λεπτά ανά πλευρά
e) Όταν είναι έτοιμο, αποσύρουμε από τη φωτιά
f) Μοιράζουμε το μαρούλι και το κρεμμύδι ανάμεσα στα ψωμάκια
g) Τοποθετούμε από πάνω μπουρέκι σολομού και ρίχνουμε με κουτάλι το μείγμα μουστάρδας και τις φέτες αβοκάντο

67. Ψημένα χτένια

Κάνει: 4

ΣΥΣΤΑΤΙΚΑ:

- 1 κιλό θαλασσινά χτένια
- 1 κουταλιά της σούπας λάδι κανόλα

ΟΔΗΓΙΕΣ:

a) Αλατοπιπερώνουμε τα χτένια και τα βάζουμε στο ψυγείο για μερικά λεπτά

b) Σε ένα τηγάνι ζεσταίνουμε το λάδι, προσθέτουμε τα χτένια και μαγειρεύουμε για 1-2 λεπτά ανά πλευρά

c) Όταν είναι έτοιμο, αποσύρουμε από τη φωτιά και σερβίρουμε

68. Μαύρος μπακαλιάρος

Κάνει: 4

ΣΥΣΤΑΤΙΚΑ:

- ¼ φλιτζάνι πάστα miso
- ¼ φλιτζάνι σάκε
- 1 κουταλιά της σούπας mirin
- 1 κουταλάκι του γλυκού σάλτσα σόγιας
- 1 κουταλιά της σούπας ελαιόλαδο
- 4 φιλέτα μαύρου μπακαλιάρου

ΟΔΗΓΙΕΣ:

a) Σε ένα μπολ ανακατεύουμε το miso, τη σάλτσα σόγιας, το λάδι και το σάκε

b) Τρίψτε το μείγμα πάνω από φιλέτα μπακαλιάρου και αφήστε τον να μαριναριστεί για 20-30 λεπτά

c) Προσαρμόστε τα φιλέτα κρεατοπαραγωγής και ψησίματος μπακαλιάρου για 10-12 λεπτά

d) Όταν ψηθεί το ψάρι, αφαιρέστε και σερβίρετε

69. Miso-Glazed Salmon

Κάνει: 4

ΣΥΣΤΑΤΙΚΑ:

- ¼ φλιτζάνι κόκκινο miso
- ¼ φλιτζάνι σάκε
- 1 κουταλιά της σούπας σάλτσα σόγιας
- 1 κουταλιά της σούπας φυτικό λάδι
- 4 φιλέτα σολομού

ΟΔΗΓΙΕΣ:

a) Σε ένα μπολ ανακατεύουμε το σάκε, το λάδι, τη σάλτσα σόγιας και το miso

b) Τρίψτε το μείγμα πάνω από φιλέτα σολομού και μαρινάρετε για 20-30 λεπτά

c) Προθερμάνετε ένα κοτόπουλα κρεατοπαραγωγής

d) Ψήστε το σολομό για 5-10 λεπτά

e) Όταν είναι έτοιμο αφαιρούμε και σερβίρουμε

70. Σαλάτα ρόκα και γλυκοπατάτα

Κάνει: 4

ΣΥΣΤΑΤΙΚΑ:

- 1 κιλό γλυκοπατάτες
- 1 φλιτζάνι καρύδια
- 1 κουταλιά της σούπας ελαιόλαδο
- 1 φλιτζάνι νερό
- 1 κουταλιά της σούπας σάλτσα σόγιας
- 3 φλιτζάνια ρόκα

ΟΔΗΓΙΕΣ:

a) Ψήνετε τις πατάτες στους 400 F μέχρι να μαλακώσουν, τις αφαιρείτε και τις αφήνετε στην άκρη

b) Σε ένα μπολ περιχύστε τα καρύδια με ελαιόλαδο και ψήστε τα μικροκύματα για 2-3 λεπτά ή μέχρι να ψηθούν

c) Σε ένα μπολ ανακατεύουμε όλα τα υλικά της σαλάτας και ανακατεύουμε καλά

d) Περιχύνουμε με σάλτσα σόγιας και σερβίρουμε

ΛΑΧΑΝΙΚΟ

71. Ιταλικό με πέστο βασιλικού

Κάνει: 4

ΣΥΣΤΑΤΙΚΑ:

- 2 μέτρια κολοκυθάκια, σπιράλ
- 2 φλιτζάνια φύλλα βασιλικού
- Χυμό από 1 λεμόνι, φρεσκοστυμμένο
- 3 σκελίδες σκόρδο, ψιλοκομμένες
- ½ φλιτζάνι κάσιους, μουλιασμένα σε νερό όλη τη νύχτα και στη συνέχεια στραγγισμένα

ΟΔΗΓΙΕΣ:

a) Τοποθετήστε λωρίδες κολοκυθιού σε ένα πιάτο.
b) Τοποθετήστε τα υπόλοιπα υλικά σε έναν επεξεργαστή τροφίμων και χτυπήστε τα μέχρι να ομογενοποιηθούν.
c) Περιχύνουμε με σάλτσα τα κολοκυθάκια και σερβίρουμε.

72. Μπρόκολο και ντομάτες

Κάνει: 3

ΣΥΣΤΑΤΙΚΑ:

- 1 κεφάλι μπρόκολο, κομμένο σε μπουκετάκια και στη συνέχεια ασπρισμένο
- ¼ φλιτζάνι ντομάτες, κομμένες σε κύβους
- Αλάτι και πιπέρι για να γευτείς
- Ψιλοκομμένος μαϊντανός για γαρνίρισμα

ΟΔΗΓΙΕΣ:

a) Τοποθετήστε όλα τα υλικά σε ένα μπολ.
b) Ανακατεύουμε να καλυφθούν όλα τα υλικά.
c) Σερβίρισμα.

73. Μπολ Πράσινο Κοτόπουλο Βούδα

Κάνει: 6

ΣΥΣΤΑΤΙΚΑ:

- 2 κιλά στήθος κοτόπουλου χωρίς κόκαλα και πέτσα
- 2 κουταλιές της σούπας χυμό λεμονιού, φρεσκοστυμμένο
- Αλάτι και πιπέρι για να γευτείς
- 1 κιλό λαχανάκια Βρυξελλών, κομμένα και κομμένα στη μέση
- 3 σκελίδες σκόρδο, ψιλοκομμένες
- ¾ φλιτζάνι απλό ελληνικό γιαούρτι
- 1 κουταλάκι του γλυκού μουστάρδα τριμμένη με πέτρα
- ¼ φλιτζάνι βαλσάμικο ξύδι
- 2 φλιτζάνια μαγειρεμένη κινόα
- 1 φλιτζάνι ψιλοκομμένο κόκκινο μήλο, ξεφλουδισμένο και ψιλοκομμένο
- ¼ φλιτζάνι πεπίτες
- 1 αβοκάντο, κομμένο σε φέτες
- 1 ½ φλιτζάνι ρόκα
- 1 κουταλιά της σούπας φρέσκο βασιλικό

ΟΔΗΓΙΕΣ:

a) Τοποθετήστε το κοτόπουλο και το χυμό λεμονιού σε ένα μπολ. Καρικέψτε με αλάτι και πιπέρι βάσει της γεύσης σας. Αφήνουμε να μαριναριστούν στο ψυγείο για τουλάχιστον 30 λεπτά.

b) Ανάψτε τη σχάρα στους 375 F και μαγειρέψτε το κοτόπουλο για 6 λεπτά από κάθε πλευρά. Προσθέστε τα λαχανάκια Βρυξελλών και μαγειρέψτε για 3 λεπτά από κάθε πλευρά. Αφήνουμε το κοτόπουλο και τα λαχανάκια Βρυξελλών στην άκρη.

c) Σε ένα μπολ ανακατεύουμε το σκόρδο, το γιαούρτι, τη μουστάρδα και το ξύδι. Αλατοπιπερώνουμε κατά βούληση. Αφήνω στην άκρη.

d) Σε ένα μπολ βάζουμε την κινόα και από πάνω ρίχνουμε μήλο, πεπίτες, αβοκάντο και ρόκα. Από πάνω βάζουμε ψητό κοτόπουλο και λαχανάκια Βρυξελλών.

e) Περιχύνουμε με τη σάλτσα και γαρνίρουμε με βασιλικό.

74. Φετούτσιν κολοκυθιών με μεξικάνικο τάκο

Κάνει: 6

ΣΥΣΤΑΤΙΚΑ:

- 1 κουταλιά της σούπας ελαιόλαδο
- 1 κιλό άπαχη αλεσμένη γαλοπούλα
- 1 σκελίδα σκόρδο, ψιλοκομμένη
- 1 κουταλιά της σούπας τσίλι σε σκόνη
- ¼ κουταλάκι του γλυκού σκόνη σκόρδου
- ¼ κουταλάκι του γλυκού κρεμμύδι σε σκόνη
- ¼ κουταλάκι του γλυκού αποξηραμένη ρίγανη
- 1 ½ κουταλάκι του γλυκού αλεσμένο κύμινο
- ¼ φλιτζάνι νερό
- ¼ φλιτζανιού ντομάτες σε κύβους
- 2 μεγάλα κολοκυθάκια, σπιράλ
- ½ φλιτζάνι τριμμένο τυρί τσένταρ

ΟΔΗΓΙΕΣ:

α) Σε μια κατσαρόλα βάζουμε λάδι και ζεσταίνουμε σε μέτρια φωτιά.

b) Σοτάρετε τη γαλοπούλα για 2 λεπτά πριν προσθέσετε το σκόρδο και τα κρεμμύδια. Ανακατεύουμε για άλλο ένα λεπτό.

c) Καρυκεύστε με σκόνη τσίλι, σκόρδο σε σκόνη, κρεμμύδι σε σκόνη, ρίγανη και τριμμένο κύμινο. Σοτάρουμε για άλλο ένα λεπτό

d) πριν προσθέσετε το νερό και τις ντομάτες.

e) Κλείνουμε το καπάκι και αφήνουμε να σιγοβράσει για 7 λεπτά.

f) Προσθέτουμε τα κολοκυθάκια και το τυρί και αφήνουμε να βράσουν για άλλα 3 λεπτά.

75. Φασολάκια

Κάνει: 4

ΣΥΣΤΑΤΙΚΑ:

- 11 ουγγιές πράσινα φασόλια
- 1 κουταλιά της σούπας κρεμμύδι σε σκόνη
- 1 κουταλιά της σούπας ελαιόλαδο
- ½ κουταλάκι του γλυκού αλάτι
- ¼ κουταλάκι του γλυκού νιφάδες κόκκινης πιπεριάς

ΟΔΗΓΙΕΣ:

a) Πλένουμε καλά τα φασολάκια και τα βάζουμε στο μπολ.

b) Πασπαλίστε τα πράσινα φασόλια με σκόνη λιονταριού, αλάτι, τσίλι και ελαιόλαδο.

c) Ανακινήστε προσεκτικά τα πράσινα φασόλια.

d) Προθερμάνετε το ψυγείο αέρα 400F.

e) Τοποθετήστε τα πράσινα φασόλια στη φριτέζα και μαγειρέψτε για 8 λεπτά.

f) Στη συνέχεια, ανακινήστε τα πράσινα φασόλια και μαγειρέψτε τα για 4 λεπτά ή περισσότερο στους 400 F.

76. Κρέμα μανιταριών Satay

Κάνει: 6

ΣΥΣΤΑΤΙΚΑ:

- 7 ουγγιές μανιτάρια cremini
- 2 κουταλιές της σούπας γάλα καρύδας
- 1 κουταλιά της σούπας βούτυρο
- 1 κουταλάκι του γλυκού νιφάδες τσίλι
- ½ κουταλάκι του γλυκού ξύδι βαλσάμικο
- ½ κουταλάκι του γλυκού σκόνη κάρυ
- ½ κουταλάκι του γλυκού λευκό πιπέρι

ΟΔΗΓΙΕΣ:

a) Πλένουμε προσεκτικά τα μανιτάρια.

b) Στη συνέχεια πασπαλίζουμε τα μανιτάρια με νιφάδες τσίλι, σκόνη κάρυ και λευκό πιπέρι.

c) Προθερμάνετε τη φριτέζα αέρα στους 400 F.

d) Ρίξτε το βούτυρο στο καλάθι της φριτέζας και λιώστε το.
e) Βάλτε τα μανιτάρια στη φριτέζα και μαγειρέψτε για 2 λεπτά.
f) Ανακινούμε καλά τα μανιτάρια και πασπαλίζουμε με το γάλα καρύδας και το βαλσάμικο.
g) Μαγειρέψτε τα μανιτάρια για 4 λεπτά ακόμη στους 400 F.
h) Στη συνέχεια σουβλίζουμε τα μανιτάρια στα ξύλινα ξυλάκια και σερβίρουμε.

77. Μανιτάρια Tortoreto με Cheddar

Κάνει: 2

ΣΥΣΤΑΤΙΚΑ:

- 2 καπέλα μανιταριού Portobello
- 2 φέτες τυρί τσένταρ
- ¼ φλιτζάνι τριμμένη φρυγανιά panko
- ½ κουταλάκι του γλυκού αλάτι
- ½ κουταλάκι του γλυκού αλεσμένο μαύρο πιπέρι
- 1 αυγό
- 1 κουταλάκι του γλυκού πλιγούρι βρώμης
- 2 ουγγιές μπέικον, ψιλοκομμένο μαγειρεμένο

ΟΔΗΓΙΕΣ:

a) Σπάστε το αυγό στο μπολ και χτυπήστε το.

b) Συνδυάστε το αλεσμένο μαύρο πιπέρι, το πλιγούρι, το αλάτι και τη φρυγανιά σε ένα ξεχωριστό μπολ.

c) Βουτήξτε τα καπέλα μανιταριών στο χτυπημένο αυγό.

d) Μετά από αυτό, αλείψτε τα καπέλα μανιταριών στο μείγμα της φρυγανιάς.

e) Προθερμάνετε τη φριτέζα αέρα στους 400 F.

f) Τοποθετήστε τα μανιτάρια στο ταψί της φριτέζας και μαγειρέψτε για 3 λεπτά.

g) Μετά από αυτό, βάλτε το ψιλοκομμένο μπέικον και το τυρί σε φέτες πάνω από τα καπέλα μανιταριών και μαγειρέψτε το γεύμα για 3 λεπτά.

h) Όταν ψηθεί το γεύμα – αφήστε το να κρυώσει απαλά.

78. Χάμπουργκερ φακές με καρότα

Κάνει: 4

ΣΥΣΤΑΤΙΚΑ:

- 6 ουγγιές φακές, μαγειρεμένες
- 1 αυγό
- 2 ουγγιές καρότο, τριμμένο
- 1 κουταλάκι του γλυκού σιμιγδάλι
- ½ κουταλάκι του γλυκού αλάτι
- 1 κουταλάκι του γλυκού κουρκουμά
- 1 κουταλιά της σούπας βούτυρο

ΟΔΗΓΙΕΣ:

a) Σπάστε το αυγό στο μπολ και χτυπήστε το.

b) Προσθέτουμε τις μαγειρεμένες φακές και πολτοποιούμε το μείγμα με τη βοήθεια του πιρουνιού.

c) Στη συνέχεια πασπαλίζουμε το μείγμα με το τριμμένο καρότο, το σιμιγδάλι, το αλάτι και τον κουρκουμά.

d) Ανακατεύουμε και φτιάχνουμε τα μέτρια μπιφτέκια.

e) Βάζουμε το βούτυρο στα μπιφτέκια φακής. Θα τα κάνει ζουμερά.
f) Προθερμάνετε τη φριτέζα αέρα στους 360 F.
g) Βάλτε τα μπιφτέκια φακές στη φριτέζα και ψήστε για 12 λεπτά.
h) Γυρίστε τα μπιφτέκια στην άλλη πλευρά μετά από 6 λεπτά μαγειρέματος.
i) Στη συνέχεια κρυώνουμε τα μαγειρεμένα μπιφτέκια φακής και τα σερβίρουμε.

79. Γλυκοπατάτες τηγανητές με παρμεζάνα

Κάνει: 2

ΣΥΣΤΑΤΙΚΑ:

- 2 γλυκοπατάτες καθαρισμένες
- ½ κίτρινο κρεμμύδι, κομμένο σε φέτες
- ½ φλιτζάνι κρέμα
- ¼ φλιτζάνι σπανάκι
- 2 ουγγιές παρμεζάνα, τριμμένη
- ½ κουταλάκι του γλυκού αλάτι
- 1 ντομάτα
- 1 κουταλάκι του γλυκού ελαιόλαδο

ΟΔΗΓΙΕΣ:

a) Ψιλοκόψτε τις γλυκοπατάτες.
b) Ψιλοκόψτε την ντομάτα.
c) Ψιλοκόβουμε το σπανάκι.
d) Ψεκάστε το δίσκο της φριτέζας με ελαιόλαδο.

e) Στη συνέχεια, τοποθετήστε τη στρώση της ψιλοκομμένης γλυκοπατάτας.
f) Προσθέστε τη στρώση του κρεμμυδιού σε φέτες.
g) Μετά από αυτό, πασπαλίζουμε το κρεμμύδι σε φέτες με το ψιλοκομμένο σπανάκι και τις ντομάτες.
h) Πασπαλίζουμε την κατσαρόλα με αλάτι και τριμμένο τυρί.
i) Ρίξτε κρέμα.
j) Προθερμάνετε τη φριτέζα αέρα στους 390 F.
k) Καλύψτε το δίσκο της φριτέζας με το αλουμινόχαρτο.
l) Μαγειρέψτε την κατσαρόλα για 35 λεπτά.

80. Πακέτα κουνουπιδιού με άρωμα δεντρολίβανου

Κάνει: 4

ΣΥΣΤΑΤΙΚΑ:

- ⅓ φλιτζάνι αλεύρι αμυγδάλου
- 4 φλιτζάνια κουνουπίδι ρυζιού
- ⅓ φλιτζάνι τυρί μοτσαρέλα με μειωμένα λιπαρά, τριμμένη ή τσένταρ
- 2 αυγα
- 2 κουταλιές της σούπας φρέσκο δεντρολίβανο, ψιλοκομμένο
- ½ κουταλάκι του γλυκού αλάτι

ΟΔΗΓΙΕΣ:

a) Προθερμάνετε το φούρνο σας στους 400°F

b) Ανακατεύουμε όλα τα υλικά σε ένα μεσαίου μεγέθους μπολ

c) Ρίξτε το μείγμα του κουνουπιδιού σε 12 ρολά/μπισκότα ομοιόμορφου μεγέθους σε ένα ελαφρώς λαδωμένο και στρωμένο με αλουμινόχαρτο ταψί.

d) Ψήνουμε μέχρι να ροδίσει, κάτι που πρέπει να επιτευχθεί σε περίπου 30 λεπτά.

ΣΟΥΠΑ ΚΑΙ ΣΤΙΓΑΖΟ

81. Ψητή σούπα ντομάτας

Κάνει: 6

ΣΥΣΤΑΤΙΚΑ:

- 3 κιλά ντομάτες κομμένες στη μέση
- 6 σκόρδα (τριμμένα)
- 4 κουταλάκια του γλυκού μαγειρικό λάδι ή παρθένο λάδι
- Αλάτι για γεύση
- ¼ φλιτζάνι κρέμα γάλακτος (προαιρετικά)
- Φέτες φρέσκου βασιλικού για γαρνίρισμα

ΟΔΗΓΙΕΣ:

a) Φούρνος σε μέτρια θερμοκρασία περίπου 427f, προθερμαίνουμε τον φούρνο.

b) Στον κάδο του μίξερ ανακατεύουμε τις ντομάτες κομμένες στη μέση, το σκόρδο, το ελαιόλαδο, αλάτι και πιπέρι

c) Απλώνουμε το μείγμα της ντομάτας στο ήδη έτοιμο ταψί

d) Για μια διαδικασία 20-28 λεπτών, ψήνουμε και ανακατεύουμε

e) Στη συνέχεια, αφαιρέστε το από το φούρνο και τα ψητά λαχανικά πρέπει τώρα να μεταφερθούν σε μια κατσαρόλα
f) Προσθέστε τα φύλλα βασιλικού
g) Ανακατεύουμε σε μικρές μερίδες στο μπλέντερ
h) Σερβίρετε αμέσως

82. Σούπα τσίζμπεργκερ

Κάνει: 4

ΣΥΣΤΑΤΙΚΑ:

- 14,5 ουγγιές μπορεί να κόψει κύβους ντομάτα
- 1 κιλό άπαχο μοσχαρίσιο κιμά 90%.
- ¾ φλιτζάνι σέλινο ψιλοκομμένο
- 2 κουταλάκια του γλυκού σάλτσα Worcestershire
- 3 φλιτζάνια ζωμό κοτόπουλου με χαμηλή περιεκτικότητα σε νάτριο
- ¼ κουταλάκι του γλυκού αλάτι
- 1 κουταλάκι του γλυκού αποξηραμένος μαϊντανός
- 7 φλιτζάνια baby σπανάκι
- ¼ κουταλάκι του γλυκού αλεσμένο πιπέρι
- 4 ουγγιές τριμμένο τυρί τσένταρ με μειωμένα λιπαρά

ΟΔΗΓΙΕΣ:

a) Πάρτε μια μεγάλη κατσαρόλα και μαγειρέψτε το μοσχάρι μέχρι να ροδίσει.
b) Προσθέτουμε το σέλινο και σοτάρουμε μέχρι να μαλακώσει.
c) Αποσύρουμε από τη φωτιά και στραγγίζουμε το περιττό υγρό. Προσθέστε το ζωμό, τις ντομάτες, τον μαϊντανό, τη σάλτσα Worcestershire, το πιπέρι και το αλάτι.
d) Σκεπάζουμε με το καπάκι και αφήνουμε να σιγοβράσει σε χαμηλή φωτιά για περίπου 20 λεπτά.
e) Προσθέστε το σπανάκι και αφήστε το να ψηθεί μέχρι να μαραθεί σε περίπου 1-3 λεπτά.
f) Γεμίστε κάθε μερίδα σας με 1 ουγγιά τυρί.

83. Γρήγορη τσίλι φακής

Κάνει: 10

ΣΥΣΤΑΤΙΚΑ:

- 1 ½ φλιτζάνι πιπέρι με σπόρους ή κύβους
- 5 φλιτζάνια ζωμό λαχανικών (θα πρέπει να έχει χαμηλή περιεκτικότητα σε νάτριο)
- 1 κουταλιά της σούπας σκόρδο
- ¼ κουταλάκι του γλυκού φρεσκοτριμμένο πιπέρι
- 1 φλιτζάνι κόκκινες φακές
- 3 γεμιστά κουταλάκια του γλυκού σκόνη τσίλι
- 1 κουταλιά της σούπας αλεσμένο κύμινο

ΟΔΗΓΙΕΣ:

a) Τοποθετήστε την κατσαρόλα σας σε μέτρια φωτιά

b) Συνδυάστε τα κρεμμύδια, τις κόκκινες πιπεριές, το ζωμό λαχανικών με χαμηλή περιεκτικότητα σε νάτριο, το σκόρδο, αλάτι και πιπέρι

c) Μαγειρεύουμε και ανακατεύουμε πάντα μέχρι τα κρεμμύδια να γίνουν πιο διάφανα και να εξατμιστούν όλα τα υγρά. Αυτό θα διαρκέσει περίπου 10 λεπτά.

d) Προσθέστε τον υπόλοιπο ζωμό, το χυμό λάιμ, τη σκόνη τσίλι, τις φακές, το κύμινο και βράστε.

e) Χαμηλώνουμε τη φωτιά σε αυτό το σημείο, το σκεπάζουμε για περίπου 15 λεπτά για να σιγοβράσουν μέχρι να ψηθούν σωστά οι φακές

f) Αν το μείγμα φαίνεται να είναι πηχτό, ρίξτε λίγο νερό.

g) Το τσίλι θα γίνει κατάλληλα όταν απορροφηθεί το μεγαλύτερο μέρος του νερού.

h) Σερβίρουμε και απολαμβάνουμε.

84. Κοτόπουλο λεμόνι-σκόρδο

Κάνει: 4

ΣΥΣΤΑΤΙΚΑ:

- 1 μικρό λεμόνι, χυμό
- 1 ¾ κιλό μπούτια κοτόπουλου με κόκαλα, χωρίς δέρμα
- 2 κουταλιές της σούπας φρέσκια ρίγανη, ψιλοκομμένη
- 2 σκελίδες σκόρδο, ψιλοκομμένες
- 2 λίβρες. από σπαράγγια, κομμένα
- ¼ κουταλάκι του γλυκού το καθένα ή λιγότερο για μαύρο πιπέρι και αλάτι

ΟΔΗΓΙΕΣ:

a) Προθερμαίνουμε τον φούρνο στους 350 F περίπου. Βάζουμε το κοτόπουλο σε ένα μεσαίου μεγέθους μπολ.

b) Τώρα, προσθέστε το σκόρδο, τη ρίγανη, το χυμό λεμονιού, το πιπέρι και το αλάτι και ανακατέψτε τα να ενωθούν.

c) Ψήνουμε για 40 λεπτά.

d) Μόλις ψηθούν τα μπούτια του κοτόπουλου, τα αφαιρούμε και τα αφήνουμε στην άκρη να ξεκουραστούν.

e) Τώρα, μαγειρέψτε τα σπαράγγια στον ατμό σε εστίες μαγειρέματος ή σε φούρνο μικροκυμάτων μέχρι να γίνει το επιθυμητό.

f) Σερβίρετε τα σπαράγγια με τα ψητά μπούτια κοτόπουλου.

85. Κρεμώδης σούπα κουνουπιδιού

Κάνει: 6

ΣΥΣΤΑΤΙΚΑ:

- 5 φλιτζάνια ρύζι κουνουπίδι
- 8 ουγγιές τυρί τσένταρ, τριμμένο
- 2 φλιτζάνια γάλα αμυγδάλου χωρίς ζάχαρη
- 2 φλιτζάνια ζωμός λαχανικών
- 2 κουταλιές της σούπας νερό
- 2 σκελίδες σκόρδο, ψιλοκομμένες
- 1 κουταλιά της σούπας ελαιόλαδο

ΟΔΗΓΙΕΣ:

a) Βράζουμε το ελαιόλαδο σε μεγάλη κατσαρόλα σε μέτρια φωτιά.
b) Προσθέστε το σκόρδο και μαγειρέψτε για 1-2 λεπτά. Προσθέστε το ρύζι κουνουπίδι και το νερό.
c) Σκεπάζουμε και μαγειρεύουμε για 5-7 λεπτά.
d) Τώρα προσθέστε ζωμό λαχανικών και γάλα αμυγδάλου και ανακατέψτε καλά.

e) Αφήστε να πάρει μια βράση.
f) Χαμηλώνουμε τη φωτιά και σιγοβράζουμε για 5 λεπτά.
g) Κλείστε τη φωτιά.
h) Προσθέστε σιγά σιγά το τυρί τσένταρ και ανακατέψτε μέχρι να ομογενοποιηθεί.
i) Καρυκεύουμε τη σούπα με πιπέρι και αλάτι.
j) Ανακατεύουμε καλά και σερβίρουμε ζεστό.

86. Cr o ckpot Chicken Taco Soup

Κάνει: 6

ΣΥΣΤΑΤΙΚΑ:

- 2 κατεψυγμένα στήθη κοτόπουλου χωρίς κόκαλα
- 2 κουτιά λευκά φασόλια ή μαύρα φασόλια
- 1 κουτί ντομάτες σε κύβους
- ½ πακέτο καρυκεύματα taco
- ½ κουταλάκι του γλυκού αλάτι σκόρδο
- 1 φλιτζάνι ζωμό κότας
- Αλάτι και πιπέρι για να γευτείς
- Τσιπς τορτίγιας, κρέμα τυριού και κόλιαντρο ως επικάλυψη

ΟΔΗΓΙΕΣ:

a) Βάλτε το κατεψυγμένο κοτόπουλο σας στην κατσαρόλα και τοποθετήστε και τα υπόλοιπα υλικά στην πισίνα.

b) Αφήνουμε να ψηθεί για περίπου 6-8 ώρες.

c) Αφού ψηθεί, βγάζουμε το κοτόπουλο και το κόβουμε στο μέγεθος που θέλουμε.

d) Τέλος, τοποθετήστε το ψιλοκομμένο κοτόπουλο στο κατσαρολάκι και βάλτε το σε μια αργή κουζίνα. Ανακατεύουμε και αφήνουμε να ψηθεί.

e) Μπορείτε επίσης να προσθέσετε περισσότερα φασόλια και ντομάτες για να βοηθήσετε το κρέας να τεντώσει και να γίνει πιο νόστιμο.

87. Tofu Stir Fry με στιφάδο σπαράγγι

Κάνει: 4

ΣΥΣΤΑΤΙΚΑ:

- 1 κιλό σπαράγγια, κομμένα στελέχη
- 2 κουταλιές της σούπας ελαιόλαδο
- 2 τεμάχια τόφου, πιεσμένα και κομμένα σε κύβους
- 2 σκελίδες σκόρδο, ψιλοκομμένες
- 1 κουταλάκι του γλυκού μείγμα μπαχαρικών Cajun
- 1 κουταλάκι του γλυκού μουστάρδα
- 1 πιπεριά, ψιλοκομμένη
- ¼ φλιτζάνι ζωμό λαχανικών
- Αλάτι και μαύρο πιπέρι, για γεύση

ΟΔΗΓΙΕΣ:

a) Χρησιμοποιώντας μια τεράστια κατσαρόλα με ελαφρώς αλατισμένο νερό, τοποθετήστε τα σπαράγγια και μαγειρέψτε μέχρι να μαλακώσουν για 10 λεπτά. διοχετεύω.

b) Βάλτε ένα γουόκ σε δυνατή φωτιά και ζεστό ελαιόλαδο. ανακατεύουμε με κύβους τόφου και μαγειρεύουμε για 6 λεπτά.

c) Βάλτε το σκόρδο και μαγειρέψτε για 30 δευτερόλεπτα μέχρι να μαλακώσει.

d) Ανακατέψτε τα υπόλοιπα υλικά, συμπεριλαμβανομένων των κρατημένων σπαραγγιών, και μαγειρέψτε για άλλα 4 λεπτά.

e) Μοιράζουμε στα πιάτα και σερβίρουμε.

88. Σούπα με κρέμα ντομάτας με θυμάρι

Κάνει: 6

ΣΥΣΤΑΤΙΚΑ:

- 2 κουταλιές της σούπας γκι
- ½ φλιτζάνι ωμά καρύδια κάσιους, κομμένα σε κύβους
- 2 (28 ουγκιές) κονσέρβες ντομάτες
- 1 κουταλάκι φρέσκο θυμάρι + επιπλέον για γαρνίρισμα
- 1 ½ φλιτζάνι νερό
- Αλάτι και μαύρο πιπέρι για γεύση

ΟΔΗΓΙΕΣ:

a) Βράζουμε το γκι σε μια κατσαρόλα σε μέτρια φωτιά και σοτάρουμε τα κρεμμύδια για 4 λεπτά μέχρι να μαλακώσουν.

b) Ρίχνουμε τις ντομάτες, το θυμάρι, το νερό, τα κάσιους και αλατοπιπερώνουμε.

c) Σκεπάζουμε και αφήνουμε να σιγοβράσει για 10 λεπτά μέχρι να ψηθεί καλά.

d) Ανοίγουμε, σβήνουμε τη φωτιά και κάνουμε πουρέ τα υλικά με ένα μπλέντερ.

e) Προσαρμόζουμε στη γεύση και ανακατεύουμε με την παχύρρευστη κρέμα.
f) Ρίξτε ένα κουτάλι σε μπολ σούπας και σερβίρετε.

89. Μανιτάρια και στιφάδο Jalapeño

Κάνει: 4

ΣΥΣΤΑΤΙΚΑ:

- 2 κουταλάκια του γλυκού ελαιόλαδο
- 1 φλιτζάνι πράσα, ψιλοκομμένα
- 1 σκελίδα σκόρδο, ψιλοκομμένη
- ½ φλιτζάνι κοτσάνια σέλινου, ψιλοκομμένα
- ½ φλιτζάνι καρότα, ψιλοκομμένα
- 1 πράσινη πιπεριά, ψιλοκομμένη
- 1 πιπεριά jalapeño, ψιλοκομμένη
- 2 ½ φλιτζάνια μανιτάρια, κομμένα σε φέτες
- 1 ½ φλιτζάνι ζωμός λαχανικών
- 2 ντομάτες, ψιλοκομμένες
- 2 κλωναράκια θυμάρι, ψιλοκομμένα
- 1 κλωναράκι δεντρολίβανο, ψιλοκομμένο
- 2 φύλλα δάφνης
- ½ κουταλάκι του γλυκού αλάτι

- ¼ κουταλάκι του γλυκού αλεσμένο μαύρο πιπέρι
- 2 κουταλιές της σούπας ξύδι

ΟΔΗΓΙΕΣ:

a) Βάζουμε μια κατσαρόλα σε μέτρια φωτιά και ζεσταίνουμε το λάδι.

b) Προσθέστε το σκόρδο και το πράσο και σοτάρετε μέχρι να μαλακώσουν και να γίνουν διάφανα.

c) Προσθέστε το μαύρο πιπέρι, το σέλινο, τα μανιτάρια και τα καρότα.

d) Μαγειρέψτε καθώς ανακατεύετε για 12 λεπτά. ανακατεύετε με μια πιτσιλιά ζωμού λαχανικών για να βεβαιωθείτε ότι δεν κολλάει.

e) Ανακατεύουμε με τα υπόλοιπα υλικά.

f) Ρυθμίστε τη θερμότητα σε μέτρια. αφήστε το να σιγοβράσει για 25 με 35 λεπτά ή μέχρι να ψηθεί.

g) Μοιράζουμε σε ατομικά μπολ και σερβίρουμε ζεστό.

90. Σούπα κουνουπιδιού

Κάνει: 4

ΣΥΣΤΑΤΙΚΑ:

- 2 κουταλιές της σούπας ελαιόλαδο
- 1 κουταλάκι του γλυκού σκόρδο, ψιλοκομμένο
- 1 κιλό κουνουπίδι, κομμένο σε μπουκίτσες
- 1 φλιτζάνι λάχανο, ψιλοκομμένο
- 4 φλιτζάνια ζωμό λαχανικών
- ½ φλιτζάνι γάλα αμυγδάλου
- ½ κουταλάκι του γλυκού αλάτι
- ½ κουταλάκι του γλυκού νιφάδες κόκκινης πιπεριάς
- 1 κουταλιά της σούπας φρέσκο μαϊντανό ψιλοκομμένο

ΟΔΗΓΙΕΣ:

a) Βάζουμε μια κατσαρόλα σε μέτρια φωτιά και ζεσταίνουμε το λάδι.

b) Προσθέστε το σκόρδο και τα κρεμμύδια και σοτάρετε μέχρι να ροδίσουν και να μαλακώσουν.

c) Τοποθετήστε το σε ζωμό λαχανικών, λάχανο και κουνουπίδι. μαγειρεύουμε για 10 λεπτά μέχρι να πάρει βράση το μείγμα.

d) Προσθέστε τις νιφάδες πιπεριού, το αλάτι και το γάλα αμυγδάλου. χαμηλώνουμε τη φωτιά και σιγοβράζουμε τη σούπα για 5 λεπτά.

e) Μεταφέρετε τη σούπα σε ένα μπλέντερ και ανακατεύετε για να πετύχετε την επιθυμητή συνοχή. περιχύνουμε με μαϊντανό και σερβίρουμε αμέσως.

ΕΠΙΔΟΡΠΙΟ

91. Πουτίγκα Chia

Κάνει: 2

ΣΥΣΤΑΤΙΚΑ:

- 4 κουταλιές της σούπας σπόροι chia
- 1 φλιτζάνι γάλα καρύδας χωρίς ζάχαρη
- ½ φλιτζάνι σμέουρα

ΟΔΗΓΙΕΣ:

a) Προσθέστε το βατόμουρο και το γάλα καρύδας στο μπλέντερ και ανακατέψτε μέχρι να ομογενοποιηθούν.
b) Ρίξτε το μείγμα στο γυάλινο βάζο.
c) Προσθέστε τους σπόρους chia σε ένα βάζο και ανακατέψτε καλά.
d) Κλείστε το βάζο με ένα καπάκι και ανακινήστε καλά και τοποθετήστε το στο ψυγείο για 3 ώρες.
e) Σερβίρουμε παγωμένο και απολαμβάνουμε.

92. Πουτίγκα λάιμ-αβοκάντο

Κάνει: 9

ΣΥΣΤΑΤΙΚΑ:

- 2 ώριμα αβοκάντο, χωρίς τα κουκούτσια και κομμένα σε κομμάτια
- 1 κουταλιά της σούπας φρέσκο χυμό λάιμ
- 14 ουγκιές κουτί γάλα καρύδας
- 2 κουταλάκια του γλυκού υγρή στέβια
- 2 κουταλάκια του γλυκού βανίλια

ΟΔΗΓΙΕΣ:

a) Ενσωματώνουμε όλα τα υλικά και ανακατεύουμε μέχρι να ομογενοποιηθούν.
b) Σερβίρισμα.

93. Μπράουνι Μπιτς

Κάνει: 13

ΣΥΣΤΑΤΙΚΑ:

- ¼ φλιτζάνι τσιπς σοκολάτας χωρίς ζάχαρη
- ¼ φλιτζάνι σκόνη κακάο χωρίς ζάχαρη
- 1 φλιτζάνι πεκάν, ψιλοκομμένα (½ άπαχο)
- ½ φλιτζάνι βούτυρο αμυγδάλου
- ½ κουταλάκι του γλυκού βανίλια
- ¼ φλιτζάνι γλυκαντικό φρούτων μοναχού
- ⅛ κουταλάκια του γλυκού ροζ αλάτι

ΟΔΗΓΙΕΣ:

a) Προσθέστε τα πεκάν, το γλυκαντικό, τη βανίλια, το βούτυρο αμυγδάλου, τη σκόνη κακάο και το αλάτι στον επεξεργαστή τροφίμων και ανακατέψτε μέχρι να ομογενοποιηθούν καλά.

b) Μεταφέρετε το μείγμα μπράουνι στο μεγάλο μπολ. Προσθέστε κομματάκια σοκολάτας και διπλώστε καλά.

c) Φτιάξτε μικρά στρογγυλά μπαλάκια από το μείγμα μπράουνι και τα βάζετε σε ταψί.

d) Τοποθετούμε στην κατάψυξη για 20 λεπτά.

94. Μπάλες κολοκύθας

Κάνει: 18

ΣΥΣΤΑΤΙΚΑ:

- 1 φλιτζάνι βούτυρο αμυγδάλου
- 5 σταγόνες υγρή στέβια
- 2 κουταλιές της σούπας αλεύρι καρύδας
- 2 κουταλιές της σούπας πουρέ κολοκύθας
- 1 κουταλάκι του γλυκού μπαχαρικό για κολοκυθόπιτα

ΟΔΗΓΙΕΣ:

a) Ανακατεύουμε σε ένα μεγάλο μπολ τον πουρέ κολοκύθας και το βούτυρο αμυγδάλου μέχρι να ενωθούν καλά.

b) Προσθέστε υγρή στέβια, μπαχαρικό για κολοκυθόπιτα και αλεύρι καρύδας και ανακατέψτε καλά.

c) Φτιάχνουμε μικρά μπαλάκια από το μείγμα και τα βάζουμε σε ταψί.

d) Τοποθετούμε στην κατάψυξη για 1 ώρα.

95. Συστάδες ξηρών καρπών σοκολάτας

Κάνει: 25

ΣΥΣΤΑΤΙΚΑ:

- 9 ουγγιές τσιπς μαύρης σοκολάτας χωρίς ζάχαρη
- ¼ φλιτζάνι ακατέργαστο λάδι καρύδας
- 2 φλιτζάνια αλατισμένους ανάμεικτους ξηρούς καρπούς

ΟΔΗΓΙΕΣ:

a) Στρώνουμε ένα φύλλο ψησίματος με λαδόκολλα ή ένα ταψί σιλικόνης.

b) Σε ένα μπολ κατάλληλο για φούρνο μικροκυμάτων, βάλτε ένα κομμάτι από τα κομματάκια σοκολάτας και το λάδι καρύδας και ψήστε τα μικροκύματα μέχρι να λιώσει η σοκολάτα.

c) Χρησιμοποιήστε μια σπάτουλα για να ανακατέψετε. Αφήστε το να κρυώσει πιο εύχρηστα σε κάποιο βαθμό πριν το χρησιμοποιήσετε.

d) Ανακατεύουμε μέχρι να επικαλυφθούν όλα τα καρύδια μέσα στη σοκολάτα.

e) Ρίξτε μια τεράστια κουταλιά από το combo στο έτοιμο φύλλο προετοιμασίας.

f) Αποθηκεύστε τα υπολείμματα στο ψυγείο για έως και τρεις εβδομάδες.

96. Βούτυρο καρύδας με λίπος κακάο

Κάνει: 12

ΣΥΣΤΑΤΙΚΑ:

- 1 φλιτζάνι λάδι καρύδας
- ½ φλιτζάνι ανάλατο βούτυρο
- 6 κουταλιές της σούπας σκόνη κακάο χωρίς ζάχαρη
- 15 σταγόνες υγρή στέβια
- ½ φλιτζάνι βούτυρο καρύδας

ΟΔΗΓΙΕΣ:

a) Σε μια κατσαρόλα βάζουμε το βούτυρο, το λάδι καρύδας, τη σκόνη κακάο και τη στέβια και βράζουμε σε χαμηλή φωτιά, ανακατεύοντας συχνά μέχρι να λιώσουν.

b) Λιώστε το βούτυρο καρύδας σε μια άλλη κατσαρόλα σε χαμηλή φωτιά.

c) Ρίξτε 2 κουταλιές της σούπας μείγμα κακάο σε κάθε φρεάτιο μιας φόρμας σιλικόνης 12 φλιτζανιών.

d) Προσθέστε 1 κουταλιά της σούπας λιωμένο βούτυρο καρύδας σε κάθε πηγάδι.

e) Βάζουμε στην κατάψυξη μέχρι να σφίξει, περίπου 30 λεπτά.

97. Κέικ με λεμόνι βατόμουρου

Κάνει: 4

ΣΥΣΤΑΤΙΚΑ:

ΓΙΑ ΤΗΝ ΤΟΥΡΤΑ:

- ⅔ φλιτζάνι αλεύρι αμυγδάλου
- 5 αυγά
- ⅓ φλιτζάνι γάλα αμυγδάλου, χωρίς ζάχαρη
- ¼ φλιτζάνι ερυθριτόλη
- 2 κουταλάκια του γλυκού εκχύλισμα βανίλιας
- Χυμός από 2 λεμόνια
- 1 κουταλάκι του γλυκού ξύσμα λεμονιού
- ½ κουταλάκι του γλυκού μαγειρική σόδα
- Πρέζα αλάτι
- ½ φλιτζάνι φρέσκα βατόμουρα (½ άπαχα)
- 2 κουταλιές της σούπας βούτυρο, λιωμένο

ΓΙΑ ΤΟ FROSTING:

- ½ φλιτζάνι παχύρρευστη κρέμα

- Χυμό από 1 λεμόνι
- ⅛ φλιτζάνι ερυθριτόλη

ΟΔΗΓΙΕΣ:

a) Προθερμάνετε το φούρνο στους 350 F

b) Σε ένα μπολ προσθέτουμε το αλεύρι αμυγδάλου, τα αυγά και το γάλα αμυγδάλου και ανακατεύουμε καλά μέχρι να ομογενοποιηθούν.

c) Προσθέστε την ερυθριτόλη, μια πρέζα αλάτι, τη μαγειρική σόδα, το ξύσμα λεμονιού, το χυμό λεμονιού και το εκχύλισμα βανίλιας. Ανακατεύουμε και ανακατεύουμε καλά.

d) Διπλώστε τα βατόμουρα.

e) Χρησιμοποιήστε το βούτυρο για να αλείψετε το ταψί με ελατήριο.

f) Ρίχνουμε το κουρκούτι στα λαδωμένα ταψιά. Βάλτε σε ταψί για ομοιόμορφο ψήσιμο. Βάλτε στο φούρνο να ψηθεί μέχρι να ψηθεί στη μέση και να ροδίσει ελαφρώς από πάνω, περίπου 35 με 40 λεπτά.

g) Αφήνουμε να κρυώσει πριν τα βγάλουμε από το τηγάνι. Ανακατέψτε την ερυθριτόλη, το χυμό λεμονιού και την παχύρρευστη κρέμα. Ανακατέψτε καλά.

h) Από πάνω ρίχνουμε frosting. Σερβίρισμα.

98. Φλοιός σοκο-αμυγδάλου

Κάνει: 10

ΣΥΣΤΑΤΙΚΑ:

- ½ φλιτζάνι καβουρδισμένα αμύγδαλα, ψιλοκομμένα
- ½ φλιτζάνι βούτυρο
- 10 σταγόνες στέβια
- ¼ κουταλάκι του γλυκού αλάτι
- ½ φλιτζάνι νιφάδες καρύδας χωρίς ζάχαρη 9⅛ καρύκευμα)
- 4 ουγγιές μαύρη σοκολάτα

ΟΔΗΓΙΕΣ:

a) Ζεσταίνουμε το βούτυρο και τη σοκολάτα στο φούρνο μικροκυμάτων για 90 δευτερόλεπτα.

b) Το βγάζουμε και ανακατεύουμε με στέβια.

c) Ετοιμάζουμε ένα φύλλο μπισκότου με κερωμένο χαρτί και απλώνουμε ομοιόμορφα τη σοκολάτα.

d) Περιχύστε από πάνω τα αμύγδαλα, τις νιφάδες καρύδας και πασπαλίστε με αλάτι.

e) Ψύξτε για 60 λεπτά.

99. Μους καυσίμου

Κάνει: 2

ΣΥΣΤΑΤΙΚΑ:

- 1 πακέτο Optavia ζεστό κακάο
- ½ φλιτζάνι ζελατίνη χωρίς ζάχαρη
- 1 κουταλιά της σούπας τυρί κρέμα ελαφρύ
- 2 κουταλιές της σούπας κρύο νερό
- ¼ φλιτζάνι θρυμματισμένος πάγος

ΟΔΗΓΙΕΣ:

a) Βάζουμε όλα τα υλικά σε ένα μπλέντερ.

b) Παλμού μέχρι να γίνει λείο.

c) Αδειάζουμε σε ποτήρι και το βάζουμε στο ψυγείο να σταθεροποιηθεί.

d) Σερβίρετε παγωμένο.

100. Αβοκάντο γεμιστό

Κάνει: 2

ΣΥΣΤΑΤΙΚΑ:

- 1 αβοκάντο, κομμένο στη μέση και χωρίς κουκούτσι
- 10 ουγγιές τόνου σε κονσέρβα, στραγγισμένο
- 2 κουταλιές της σούπας λιαστές ντομάτες, ψιλοκομμένες
- 1 και ½ κουταλιά της σούπας πέστο βασιλικού
- 2 κουταλιές της σούπας μαύρες ελιές, χωρίς κουκούτσι και ψιλοκομμένες
- Αλάτι και μαύρο πιπέρι στη γεύση
- 2 κουταλάκια του γλυκού κουκουνάρι, καβουρδισμένο και ψιλοκομμένο
- 1 κουταλιά της σούπας βασιλικός, ψιλοκομμένος

ΟΔΗΓΙΕΣ:

a) Συνδυάστε τον τόνο με τις λιαστές ντομάτες σε ένα μπολ, και τα υπόλοιπα υλικά εκτός από το αβοκάντο και ανακατέψτε.

b) Γεμίζουμε τα μισά αβοκάντο με το μείγμα τόνου και τα σερβίρουμε ως ορεκτικό.

ΣΥΜΠΕΡΑΣΜΑ

Μια πράσινη άπαχη και καθαρή δίαιτα, ή απλά πράσινη δίαιτα, είναι μια δίαιτα παρόμοια με την έννοια της βίγκαν δίαιτας με ωμές τροφές, αλλά με λιγότερη έμφαση στις ωμές τροφές και μεγαλύτερη έμφαση σε ολόκληρα τρόφιμα που παρόλα αυτά παρασκευάζονται με τρόπο ώστε να διασφαλίζεται το ελάχιστο χρήση ενέργειας κατά την προετοιμασία ή τη συντήρηση.

Η δίαιτα Lean and Green μπορεί να σας βοηθήσει να χάσετε βάρος και να τρώτε υγιεινά τρόφιμα στη διαδικασία. Η δίαιτα πρακτικά κάνει το σώμα να καίει λίπη πολύ πιο γρήγορα από τους υδατάνθρακες. τα τρόφιμα που καταναλώνετε με αυτή τη δίαιτα είναι αρκετά πλούσια σε λιπαρά. Οι υδατάνθρακες θα υπάρχουν επίσης, αλλά σε πολύ χαμηλότερα επίπεδα.

Καλή μαγειρική.

CPSIA information can be obtained
at www.ICGtesting.com
Printed in the USA
LVHW081544230323
742311LV00029B/664

9 781783 574513